EUGÈNE MONTFORT

# La Beauté moderne

Conférences du Collège d'Esthétique

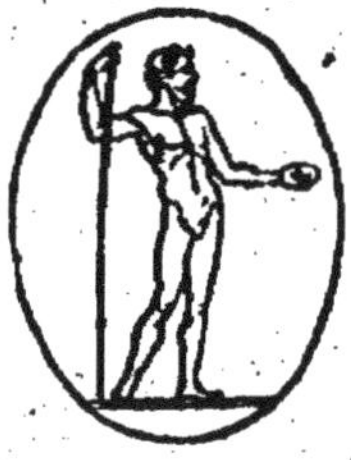



PARIS
ÉDITIONS DE LA PLUME
31, RUE BONAPARTE, 31

MCMII

# LA BEAUTÉ MODERNE

## DU MÊME AUTEUR

**Sylvie ou les Émois passionnés**, librairie du Mercure de France .................... 2 fr. 50

**Chair**, librairie du Mercure de France.. 2 fr. »

**Exposé du Naturisme**, librairie de la Lutte (Bruxelles) ......................... Épuisé

**Essai sur l'Amour**, librairie Stock...... 3 fr. 50

EN PRÉPARATION :

**Une autre fin d'Hamlet**, roman.
**Les Deux Amies**, roman.
**La Joie défendue**, roman.
**Ame d'or**, nouvelle.
**L'Infidèle**, 3 actes.
**Essai sur Balzac.**
**Etudes littéraires.**
**Poèmes en prose.**

EUGÈNE MONTFORT

# La Beauté moderne

Conférences du Collège d'Esthétique (février-juin 1901)

PARIS
ÉDITION DE « LA PLUME »
31, RUE BONAPARTE, 31
MCMII

*Je n'ai point eu la prétention de pouvoir donner, développées et complètes, en six conférences toutes les raisons secondaires, que j'ai d'aimer le temps où je vis. Je les ai seulement indiquées.*

*Mais il y a une raison principale qui me fait aimer la vie d'aujourd'hui : c'est qu'elle est ma vie. J'y insiste un peu.*

*Les idées contenues dans ces pages, idées que partagent, je crois, la plupart des jeunes écrivains de la génération nouvelle à laquelle j'appartiens, je désirerais qu'elles se répandissent de plus en plus chez les artistes. Voilà pourquoi j'en ai fait des conférences, et pourquoi, ces conférences, prononcées l'hiver et le printemps dernier au Collège d'Esthétique moderne, je les publie.*

Novembre 1901.

## A JEAN JAURÈS

qui connait la nécessité de l'Art dans toute société, et qui, plusieurs fois, à essayé de faire comprendre cette nécessité aux socialistes,

*Ces Conférences sont dédiées admirativement.*

E M.

# La Beauté moderne

## I

### Introduction.

*A Maurice Le Blond.*

Chaque chose est belle si on sait bien la regarder. La Beauté est partout.

Apprenons à voir ce qui est beau. C'est apprendre en même temps à être heureux.

1° En découvrant toutes les beautés physiques des choses, nous développerons nos sens ; ils seront satisfaits plus souvent ; il y a dans la vie des joies innombrables pour la

(1) Cette première conférence (Introduction. Deux conceptions de la Beauté) fut prononcée le jour de l'ouverture du Collège d'Esthétique moderne, le 2 février 1901.

vue, pour l'ouïe, pour l'odorat, pour le toucher, pour le goût. Apprenons à les discerner et profitons d'elles, ces joies nous appartiennent si nous les voulons.

2° Après avoir vécu attentivement, nous découvrirons dans la vie une foule de beautés d'un autre ordre, les beautés morales. Nous développerons notre âme ; il y a pour elle, pour la partie supérieure de nous-mêmes comme pour nos sens, des joies innombrables. Encore des trésors à nous si nous les voulons.

***

Je souhaiterais montrer que la vie moderne contient autant de beauté que la vie aux autres époques, si ornées, si gracieuses celles-ci soient-elles dans nos imaginations. Il me semble que nous vivons ; nous avons des rapports avec les êtres et avec les choses, nous allons et venons, nous aimons, nous cueillons des fleurs, nous mourons ; eh bien ! jamais l'humanité n'a fait autre chose, et c'est tout simplement en faisant cela qu'elle a rempli d'amour, d'extase, d'esprit divin mille et mille poètes.

***

Je regarde avec étonnement les gens qui nient la beauté de notre temps. Qu'est-ce qu'ils veulent dire ? Voilà des esprits arrêtés dans l'admiration du passé : le présent leur échappe. Ils sont de même que si la conformation de leur œil ne leur permettait de saisir que ce qui se passe à deux cents mètres. Autour d'eux, à leurs côtés même, se dérouleraient les spectacles les plus admirables, ils ne les verraient pas et les nieraient, mais que par hasard, ces spectacles se transportent à deux cents mètres, les voilà poussant des cris de joie. Ainsi nos négateurs.

Quelle oblitération de l'esprit ! S'arrêter à une date, et refuser d'aller plus loin. Dire : seul est beau le passé ; le présent est laid. Mais songez donc qu'il vous est impossible de comprendre et d'aimer véritablement le passé, sans aimer le présent. Puisque le présent est tout entier en germe dans le passé, puisqu'il fait partie du passé. Et même si vous aimez le passé sans aimer le présent, vous l'aimez mal, incomplètement, inintelligemment.

***

Négateurs du présent, mauvais logiciens semblables à ceux qui ont peur de la forme sociale nouvelle vers laquelle nous nous acheminons. Les uns et les autres font de faibles raisonnements. Ils ignorent la sagesse qui nous commande de ne rien rejeter, mais au contraire d'accepter tout ce qui a été, tout ce qui est, tout ce qui sera.

Il est clair que nous allons au socialisme. Eh bien ! pourquoi fuir ? Si le socialisme est une forme de la vie en société meilleure que la forme actuelle, il faut se hâter d'y arriver. Si, au contraire, c'est une forme pire, hâtons-nous également, car en tout cas, c'est un point de l'évolution inévitable. — Notre civilisation doit-elle être ruinée par lui ? Qu'elle le soit le plus vite possible, afin qu'une civilisation nouvelle étant née sur ces ruines, l'humanité connaisse encore une phase de sa vie.

Allons vers l'avenir. Ne le craignons point : nous serons heureux. A aucune minute, je crois, on ne s'est senti aussi proche de l'avenir, aussi loin du passé. L'état social nous paraît prêt à se transformer. Comme un cocon duquel le papillon formé enfin va sortir, il est parcouru de frémissements, de tremblements, on y devine un grand effort intérieur ; bientôt l'enveloppe va se briser ; un insecte aux couleurs éclatantes apparaîtra. Vivons avec notre époque, tâchons de comprendre ce qui se passe autour de nous. Ne nous attachons pas désespérément aux belles formes de jadis pour fermer de parti-pris les yeux à celles d'aujourd'hui. Mais, au contraire, regardons autour de nous avec un grand désir de voir et de comprendre.

## II

### Deux conceptions de la Beauté

*A Fernand Gregh.*

Il faut commencer par nous entendre sur le sens du mot : beau.

Qu'est-ce qu'être beau ?

Je vais essayer de montrer ce qu'un platonicien, un chrétien voit dans la Beauté, puis, ce qu'y voit un matérialiste.

Dans le *Phèdre* on trouve parfaitement exposée la conception idéaliste de la Beauté.

***

L'âme — dont Platon donne cette définition : tout ce qui ne reçoit pas le mouvement du dehors, tout ce qui se meut soi-même, tout mouvement est âme — l'âme, ailée, tourne autour du monde. Quand ses ailes tombent, elle est emportée sur la terre çà et là jusqu'à ce qu'elle rencontre quelque chose de solide qui devient sa demeure. Et cet assemblage d'un corps et d'une âme, on l'appelle être vivant.

Mais voici comment les âmes ont perdu leurs ailes et sont tombées sur la terre :

« Or, le chef suprême, Jupiter (1) s'avance « le premier, conduisant son char ailé, ordon« nant et gouvernant toutes choses. Après « lui vient l'armée des dieux et des démons « divisée en onze tribus..... Lorsqu'ils re« viennent au banquet somptueux qui les « attend, et qu'ils montent au sommet le plus

(1) Platon, *Phèdre*, trad. Cousin.

« élevé de la voûte céleste, les chars des im-
« mortels, toujours en équilibre, s'avancent
« avec légèreté ; les autres gravissent avec
« peine ; car le mauvais coursier s'appesantit,
« penche et se précipite vers la terre, s'il n'a
« pas été bien élevé par son cocher. C'est la
« dernière et la plus grande épreuve que
« l'âme ait à soutenir.

« Les immortels, après s'être élevés au
« plus haut du ciel, en franchissent le faîte,
« et vont se placer en dehors, sur la partie
« convexe de sa voûte ; et tandis qu'ils s'y
« tiennent, le mouvement circulaire les
« emporte autour du ciel dont ils contem-
« plent, pendant ce temps, la forme exté-
« rieure. Le lieu qui est au-dessus du ciel,
« aucun de nos poètes ne l'a encore célébré ;
« aucun ne le célébrera jamais dignement.
« Voici pourtant ce qui en est, car il ne faut
« pas craindre de publier la vérité, surtout
« quand on parle sur la vérité. L'essence
« véritable, sans couleur, sans forme, impal-
« pable, ne peut être contemplée que par le

« guide de l'âme, l'intelligence. Autour de « l'essence est la place de la vraie science. « Or la pensée des dieux, qui se nourrit d'in- « telligence et de science sans mélange, « comme celle de toute âme qui doit remplir « sa destinée, aime à voir l'essence dont elle « était depuis longtemps séparée, et se livre « avec délices à la contemplation de la vérité, « jusqu'au moment où le mouvement cir- « culaire la reporte au lieu de son départ. « Dans ce trajet elle contemple la jus- « tice, elle contemple la sagesse, elle con- « temple la science, non point celle où entre « le changement, ni celle qui se montre diffé- « rente dans les différents objets qu'il nous « plaît d'appeler des êtres, mais la science « telle qu'elle existe dans ce qui est l'être « par excellence. Après avoir ainsi contemplé « toutes les essences et s'en être abondam- « ment nourrie, elle replonge dans l'intérieur « du ciel et revient au palais divin; aussitôt « qu'elle arrive, le cocher conduisant les « coursiers à la crèche, répand devant eux

« l'ambroisie et leur verse le nectar. Telle est « la vie des dieux.

« Parmi les autres âmes, celle qui suit le « mieux les âmes divines, et qui leur res- « semble le plus, élève la tête de son cocher « au-dessus des régions supérieures, et les « parcourt ainsi, emportée par le mouvement « circulaire ; mais en même temps, troublée « par ses coursiers, elle a beaucoup de peine « à contempler les essences. Une autre tantôt « s'élève et tantôt s'abaisse, la fougue irré- « gulière de ses coursiers lui fait apercevoir « certaines essences, mais l'empêche de les « contempler toutes. Les dernières suivent « de loin, brûlant du désir de contempler la « région supérieure du ciel, mais ne pouvant « y atteindre ; le mouvement circulaire les « emporte dans l'espace inférieur ; elles se « renversent, se précipitent l'une sur l'autre « pour tâcher de se devancer ; et par la mala- « dresse des cochers, beaucoup de ces âmes « sont estropiées, beaucoup d'autres perdent « une grande partie des plumes de leurs

« ailes, et toutes, après de pénibles et inu-
« tiles efforts, s'en vont frustrées de la vue
« de l'être, et se repaissent de conjectures
« pour tout aliment. La cause de leur empres-
« sement à voir où est la plaine de la vérité,
« c'est que l'aliment convenable à la partie
« la meilleure de l'âme, se trouve dans les
« prairies fertiles renfermées dans l'enceinte
« de cette plaine, et que la nature des ailes
« qui portent l'âme s'en nourrit. C'est une loi
« d'Adrastée que toute âme qui, compagne
« fidèle des âmes divines, a pu voir quel-
« qu'une des essences, soit exempte de souf-
« frances jusqu'à un nouveau voyage, et que,
« si elle parvient toujours à suivre les dieux,
« elle n'éprouve jamais aucun mal. Mais
« quand elle ne peut pas suivre les dieux, ni
« contempler les essences, et que par malheur
« s'étant remplie de l'aliment impur du vice
« et de l'oubli, elle s'appesantit, perd ses
« ailes et tombe sur la terre, la loi défend
« qu'elle anime le corps d'aucune bête brute
« dès la première génération. Celle qui a vu

« plus que les autres, vient animer un homme
« dont la vie doit être consacrée à la sagesse,
« à la beauté, aux Muses et à l'Amour. Celle
« qui a moins vu et ne se trouve ainsi qu'au
« second rang, animera un roi juste ou guer-
« rier et puissant; celle du troisième rang,
« un politique, un économe, un spéculateur;
« celle du quatrième, un athlète laborieux ou
« un médecin ; celle du cinquième, un devin
« ou un initié ; celle du sixième, un poète ou
« un artiste; celle du septième, un artisan
« ou un laboureur ; celle du huitième, un so-
« phiste ou un démagogue; celle du neu-
« vième, un tyran. »

Ainsi, l'être, l'âme, ayant plus ou moins aperçu la vérité, tombe sur la terre. Platon explique ensuite que la Beauté est une image terrestre de cette essence qui réside au-delà du ciel ; l'âme, qui dans le ciel l'a déjà aperçue, se sent revivre, la contemple, respire dans son atmosphère avec infiniment d'aisance, ses ailes repoussent, elle est heureuse.

La beauté terrestre est donc un mirage du monde céleste. Devant elle nous sommes émus de nous ressouvenir de cet endroit sublime où jadis nous avons passé. — Telle est la conception idéaliste. Comme elle nous paraît vide aujourd'hui !

Avant de nous en éloigner, remarquons à quel point la création platonicienne de l'Olympe est parente de la création catholique du Paradis. Un docteur de l'Eglise n'attribue pas le sens humain de l'idéal à une cause très différente de celle que lui désigne le philosophe grec.

***

Pour nous, afin de comprendre la Beauté et l'émotion qu'elle nous procure, nous n'aurons point recours à l'Au-delà. La science qui, depuis Platon, a fait quelques pas, ne nous permet plus de croire à un Olympe ou à un Paradis, à Jupiter ou à Dieu. Nous sentons que ces admirables fictions étaient propres à rassurer l'humanité encore enfant, mais elles nous paraissent inutiles et même humiliantes pour une humanité plus mûre et plus consciente d'elle-même. Nous ne pouvons plus les supporter. Les images et les symboles de la vérité nous font pleurer, nous ne voulons de connaissance que celle directe de la vérité.

Cette croyance primitive d'une âme descendant du ciel sur la terre étant devenue inacceptable, puisque la science moniste n'établit plus de différence entre l'âme et le corps, puisque la vie ou âme (1) apparaît à présent comme une qualité de la matière, l'hypothèse de ces régions éthérées, célestes, étant détruite, la croyance à la Terre seule-

(1) Ce que nous appelons brièvement âme humaine, n'est que la somme de nos sensations, de nos volontés et de nos pensées, la somme des fonctions psychologiques dont les microscopiques cellules ganglionnaires de notre cerveau représentent les organes élémentaires (Haeckel).

ment, et non plus au Ciel, nous étant imposée par l'ensemble des découvertes modernes, nous sommes bien forcés de chercher une explication nouvelle de la Beauté.

⁂

Pour nous, panthéistes naturistes, adorateurs du monde et de la vie, qu'est-ce qui est beau? — Tout. La Beauté est partout. Où il y a de la lumière, où il y a de la vie, il y a de la beauté. Chaque chose est belle, chaque être est beau. Il n'y a pas de laideur, car la beauté c'est la vie; or, depuis les étoiles jusqu'aux profondeurs du monde, il n'y a que de la vie, la mort n'existe pas.

---

Les Classiques limitaient la beauté, ils ne la voyaient qu'en certains endroits, certains êtres, certaines choses. Mouvement d'émancipation de la beauté analogue à la Révolution, mouvement d'émancipation des individus, le

Romantisme agrandit cette vue. Comme les hommes de 1792 voulant faire participer à la vie sociale tous les citoyens de l'Etat, les romantiques ont compris qu'il fallait faire participer à la vie de beauté toutes les choses de l'Univers. Ayant détruit cette conception classique suivant laquelle une chose était noble, une autre ne l'était pas, un sentiment était littéraire, un autre point, ils ont libéré une foule de passions, d'émotions emprisonnées dans l'âme humaine, et qui n'avaient pu encore s'évader, s'exprimer en art.

---

« C'est l'unité qui constitue la beauté », a dit saint Augustin. L'unité, c'est-à-dire le rapport exact des parties d'un tout entre elles. Or, c'est bien cette unité de la vie, cette harmonie universelle, ce rapport exact entre toutes les parties du monde qui nous le fait trouver admirable sous tous ses aspects, sous toutes ses faces, dans son ensemble et dans ses détails.

Je veux vous rappeler *le Satyre*, un des sommets de l'œuvre de Hugo, prodigieux poème panthéiste dans lequel il s'écrie : « Les Dieux sont morts. Toute l'âme, toute la beauté, toute la vie est sur la terre. » Le satyre qui, dans ce poème, est la figure de l'univers est amené devant les dieux tenu par l'oreille par Hercule, et il leur parle. Il chante la Terre et l'âme de la Terre.

« Et maintenant, ô dieux ! Ecoutez ce mot : L'âme,
Sous l'arbre qui bruit, près du monstre qui brame,
Quelqu'un parle. C'est l'Ame. Elle sort du chaos.
Sans elle, pas de vents, le miasme ; pas de flots,
L'étang ; l'âme, en sortant du chaos, le dissipe ;
Car il n'est que l'ébauche, et l'âme est le principe.
L'Etre est d'abord moitié brute et moitié forêt ;
Mais l'Air veut devenir l'Esprit, l'homme apparaît,
L'homme ? qu'est-ce que c'est que ce sphinx ? Il commence
En sagesse, ô mystère ! et finit en démence.
O ciel qu'il a quitté, rends-lui son âge d'or ! »

Le faune, interrompant son orageux essor,
Ouvrit d'abord un doigt, puis deux, puis un troisième,
Comme quelqu'un qui compte en même temps qu'il sème,
Et cria, sur le haut Olympe vénéré :

« O dieux, l'arbre est sacré, l'animal est sacré,
L'homme est sacré, respect à la terre profonde !
La terre où l'homme crée, invente, bâtit, fonde,
Géant possible, encor caché dans l'embryon,
La terre où l'animal erre autour du rayon,
La terre où l'arbre ému prononce des oracles,
Dans l'obscur infini, tout rempli de miracles,
Est le prodige, ô dieux, le plus proche de vous.
C'est le globe inconnu qui vous emporte tous,
Vous les éblouissants, la grande bande altière,
Qui dans des coupes d'or buvez de la lumière,
Vous qu'une aube précède et qu'une flamme suit,
Vous les dieux, à travers la formidable nuit ! »

Tout est sacré, tout est divin, l'âme est partout. — Le faune, poursuivant, dépeint l'homme paraissant sur la terre, ses premières luttes, décrit l'évolution, montre enfin le progrès de l'humanité pensante, son épopée de créatrice. Et Hugo termine ainsi son poème, prêtant au Satyre des idées semblables à celles que je désirais exprimer ce soir devant vous :

« L'avenir, tel que les cieux le font,
C'est l'élargissement dans l'infini sans fond,
C'est l'esprit pénétrant de toutes parts la chose !
On mutile l'effet en limitant la cause :
Monde, tout le mal vient de la forme des dieux.

On fait du ténébreux avec le radieux.
Pourquoi mettre au-dessus de l'Etre, des fantômes?
Les clartés, les éthers ne sont pas des royaumes
Place au fourmillement éternel des cieux noirs,
Des cieux bleus, des midis, des aurores, des soirs !
Place à l'atome saint qui brûle ou qui ruisselle !
Place au rayonnement de l'âme universelle !
Un roi c'est de la guerre, un dieu c'est de la nuit.
Liberté, vie et foi, sur le dogme détruit !
Partout une lumière et partout un génie !
Amour ! tout s'entendra, tout étant l'harmonie !
L'azur du ciel sera l'apaisement des loups.
Place à tout ! Je suis Pan ; Jupiter ! à genoux. »

---

La connaissance humaine s'élargissant de plus en plus, nous saurons de mieux en mieux les rapports qui existent entre toutes les choses de l'univers. Connaissant plus de rapports entre les choses, nous comprendrons plus complètement les choses, nous verrons plus parfaitement l'universelle beauté.

Voici, sur le beau, une pénétrante proposition de Diderot : « La perception des rapports est le fondement du beau. »

***

Donc, tout est beau. Pourquoi? — Par ce

que toute chose, dans la nature et dans la vie, est dans un rapport parfait avec les autres choses. (Un rapport imparfait ne peut même point se supposer ; il serait la négation du monde, la cause du néant ; les rapports parfaits sont indispensables à l'existence.)

Il faudrait savoir, maintenant, pourquoi nous avons du plaisir à percevoir les rapports, à contempler le beau. — Je crois : parce que nous-même faisons partie du monde et de la beauté universelle, et que dans l'harmonie extérieure que nous découvrons nous sentons un rapport juste avec notre propre harmonie, dans la structure parfaite de l'univers nous voyons une représentation de notre structure parfaite.

— Si la beauté nous émeut, ce n'est point par le souvenir d'une beauté antérieure et surhumaine entrevue jadis, mais c'est qu'à ce moment nous comprenons combien nous faisons partie du monde, et nos mystérieux rapports avec lui sourdement soudain nous frappent.

L'émotion de la beauté consiste à sentir les correspondances qui existent entre le monde extérieur et nous, nos fraternités. Cette âme dont parlait Hugo, cette âme universelle, nous éprouvons qu'avec la nôtre, elle ne fait qu'une. L'unité profonde de la matière nous enivre, un grand élan d'amour et de reconnaissance pour la vie nous transporte.

---

De tout cela, il ressort sans doute que le sentiment de la Beauté a évolué dans l'humanité. Changeant d'objet, il se transforme lui-même. Chez Platon, il est purement un mouvement d'admiration morale ; et chez les grands artistes grecs, d'après les statues heureuses aux belles formes qu'ils nous ont laissées on distingue qu'à travers la vie, ils voient cet Olympe radieux où résident, selon Platon, l'être et l'harmonie.

— Aujourd'hui, est-ce un sentiment analogue qui anime l'artiste ? — Non. En considérant l'œuvre d'un sculpteur comme Rodin ou d'un peintre comme Monet, si je me demande quelle sorte de joie ils ressentent devant la beauté, je conçois bien que c'est une autre que celle des Grecs. Comme ils sont tourmentés! Comme tout leur être est pris! C'est que, devant la vie, ils s'éprouvent en face du divin tout entier (1), et que la vie, la vie qui bouge devant eux et qu'ils tâchent de saisir et de fixer, c'est leur seule religion, leur

(1) Notre idée moniste de Dieu, qui seule s'accorde avec les notions étendues que nous possédons maintenant sur la nature, reconnaît l'esprit de Dieu en toutes choses... Dieu est partout. Giordano Bruno le disait déjà : « Un esprit se trouve dans toutes les choses, et il n'y a pas de corps si petit qui ne contienne en soi une parcelle de la substance divine, par laquelle il est animé. » Chaque atome est ainsi pourvu d'âme, et de même l'éther cosmique. On peut donc définir Dieu la somme infinie de toutes les forces naturelles, ou la somme de toutes les forces atomiques et de toutes les vibrations de l'éther... L'homothéisme, l'idée anthropomorphique de Dieu abaisse le concept cosmique suprême à l'état de vertébré gazeux (Haeckel).

seul culte, c'est leur divinité. La feuille qui se balance à la branche, ils la rattachent à tout l'univers; leur œil qui la regarde, leurs centres nerveux qui reçoivent l'impression et la feuille qui est en face d'eux, ils sentent tous les liens qui les unissent: alors ils sont pénétrés d'amour pour la force inconsciente des choses, pour les nécessités et les lois qu'exigent les rapports parfaits entre les choses de l'univers. Pour eux, Dieu, la Vie et la Beauté ne font qu'un. Ils vivent, ils regardent, ils admirent et ils adorent.

## III

### DU STYLE ; ET DU STYLE MODERNE

*A Louis Bertrand.*

Chaque siècle ne possède pas un grand style, parce qu'un grand style existe seulement aux époques où la machine sociale marche parfaitement. Or, une machine sociale, c'est très long à faire, — et pendant tout le temps qu'elle se construit, le style, simultanément, s'élabore. En vingt siècles, quelquefois il y en a eu deux seulement où la machine, enfin montée et réglée, a bien marché ; l'espace entre ces deux siècles, pas de style — je veux dire, pas de grand style : car, pendant les époques intermédiaires, l'Art a eu des caractères qui l'ont fixé dans le temps ; il existe toujours une façon de s'habiller, une façon de faire ses meubles, et une façon de bâtir sa maison, spéciales au moment où l'on vit, — mais seulement aux grandes époques on s'habille, on se meuble, et on construit tout à fait harmonieusement.

Qu'est-ce donc qu'une grande époque? — C'est une époque où il y a unité, où les hommes sont liés par une même foi, par une même pensée, où l'Etat est arrivé à une organisation si juste, si équilibrée, que toutes les classes se trouvent en rapport parfait les unes avec les autres ; c'est un temps d'ordre moral, social et religieux, un temps de civilisation achevée, où rien n'est plus en train de se former, tout étant formé, — où tout fonctionne bien, — (en attendant qu'une pensée nouvelle, une nouvelle conception de la vie en société vienne troubler la société existante, lutte contre elle et la désagrège peu à peu).

C'est une période calme et harmonieuse,

une période qui a quelque chose de parfait. Par exemple, le v^e siècle de la Grèce antique. Par exemple, la seconde moitié du xvii^e siècle en France. Une période où le fond d'idées sur lequel vivent les citoyens est commun à tous ; alors, il y a concert entre eux ; alors, si l'artiste parle, tous reconnaissent leur propre pensée.

***

L'art d'un temps reflète, en même temps que sa beauté, sa façon de comprendre la vie. Dans un monument retrouvé au milieu d'un désert, il est possible d'apercevoir le système social, la conception religieuse, les idées générales du peuple qui l'éleva. René Ménard, dans son excellent petit livre sur l'*Art Antique*, traduit cette idée quand il dit : « L'art égyptien est sacerdotal, l'art assyrien est monarchique, en Grèce, nous verrons un art républicain. » Il parle, bien entendu, de l'architecture, car cet art étant celui de l'expression la plus générale, la plus publique, c'est en lui, surtout, qu'il faut rechercher les caractères d'une société.

Les conceptions sociales et religieuses d'une époque sont les manifestations extérieures de ce qu'on appelle son âme. Pour que les monuments publics expriment bien cette âme, il est nécessaire qu'elle ne soit point troublée, qu'elle soit *une*. Il faut qu'il n'y ait pas en elle deux pensées, deux idéals luttant, mais une seule pensée, un seul idéal.

La Grèce heureuse, confiante, ensoleillée, pleine d'amour pour la vie et de respect pour ses dieux, élève l'Acropole harmonieux et calme. Rome, puissante, bâtit des temples et des cirques, vastes, sérieux et réguliers. — L'Église : un peu de ténèbres dans la pensée humaine, le Moyen-Age et son art gothique, admirable, avec ses ombres et son mystère. — Cependant, en France, peu à peu, l'État s'organise et se fortifie ; la religion n'est plus entièrement dominante, elle a pris sa place dans le système social et y fonctionne avec les autres rouages administratifs, et c'est l'époque de Louis XIV, l'état monarchique arrivé à sa perfection, et son style si plein, si majestueux, si noble, si justement équilibré (1). Puis la décadence de ce système social, et le Louis XV, qui n'est que du Louis XIV dégénéré. — Enfin, la Révolution, l'Empire, le XIXe siècle.

***

Il semble évident que le XIXe siècle n'est pas une époque de grand style, mais aussi ce n'est pas une grande époque, une époque à forme sociale parfaite. Ce n'est pas un temps où la machine, bien montée, bien réglée, fonctionne. Au contraire. C'est un temps où l'on est en train de la démonter et de la remonter sur un nouveau plan. C'est, en sociologie, une période de formation. En art aussi. Et ce caractère,

(1) L'antiquité grecque, l'antiquité romaine, le Moyen-Age, le XVIIe siècle : exemples d'époques d'unité.

précisément, constitue celui de sa beauté. Souvent on entend dire du XIXe siècle : « Je ne l'aime pas, parce qu'il n'a pas de style. » Pauvre propos, si on réfléchit qu'un style met plusieurs siècles à se constituer, un style étant une société ! Le milieu social dans lequel nous vivons aujourd'hui n'est point stable, il est en transformation ; or, un beau style ne se tire que de principes solides, durables ; donc, notre temps ne peut avoir un style, mais travailler seulement à en élaborer un futur. Nous sommes des préparateurs. S'il n'y a point de style aujourd'hui, demain il y en aura un ; il est sûr, en effet, que nous allons à un style nouveau, comme il est sûr que nous allons à une société nouvelle. Gens inquiets, gens pressés, attendez un peu ! Nous construisons la maison, vous l'apprécierez quand elle sera finie ; ce n'est pas maintenant, au milieu des échafaudages, et quand à peine l'assise et le soubassement sont posés que vous pouvez juger.

Mais peut-être n'est-il pas moins intéressant de regarder construire une maison que de la regarder construite et habitée ? — Quant à celui qui se plaint que le siècle n'ait pas de style et dit : « A cause de cela, je n'aime point vivre maintenant », sans doute il eût tenu le même propos dix-huit siècles sur vingt. Il y a, naturellement, plus d'époques de préparation que d'époques de réalisation.

***

Le XIX^e siècle s'est passé à mettre de l'ordre dans les sentiments de la Révolution, à tirer des idées de ces sentiments, à transformer ce mouvement sentimental en un mouvement raisonnable. C'est ainsi que l'on voit la Troisième République entreprendre l'organisation régulière et méthodique de la pensée qui, toute spontanée dans la Première, n'était point forte, n'était point réfléchie, ne connaissait ni ses principes, ni ses conséquences. On ne veut plus *faire la révolution*, mais *hâter l'évolu-*

*tion*. Avec la raison et l'expérience, la science est intervenue. Par elle, la transformation sociale s'opérera avec précision, sans rien laisser au hasard, tout étant pesé, mesuré, dosé au plus juste. Les socialistes ressemblent à des savants, ils agissent sans emballement, avec méthode. Aussi certains de triompher, semble-t-il, que, dans son laboratoire, le chimiste est certain de voir réussir une expérience bien préparée. Ils ont compris que la Révolution devait s'accomplir scientifiquement, par une suite de réformes raisonnées, une marche lente et sûre dans une direction toujours la même. Ainsi pense M. Jaurès :

« Il y a, dit-il, je ne sais quel triste enfan-
« tillage à s'imaginer que menacer quelques
« usines, enfoncer quelques grilles, ou se
« jeter poitrine nue sur les baïonnettes des
« soldats, c'est « faire la Révolution ». La
« Révolution, c'est la substitution de la pro-
« priété commune à la propriété capitaliste ;
« et cette substitution, qui transformera à

« fond les rapports des hommes dans une
« société prodigieusement compliquée, est
« elle-même une œuvre d'une complication
« extraordinaire qui suppose l'éducation et
« l'organisation du prolétariat, la conquête
« collective et graduelle du pouvoir, et l'ac-
« tion de la science accélérant le mouvement
« humain. La Révolution est un immense
« effort patient, collectif, organique, qui n'a
« aucun rapport avec des gestes désordonnés
« de destruction. Il serait funeste de donner
« à notre sublime idéal, qui fera l'humanité
« meilleure, plus douce, plus aimante, des
« apparences sauvages et meurtrières. »

Est-ce que la volonté continue, l'effort persistant d'une quantité d'hommes pensant comme celui-là ne doit pas donner d'immenses résultats ?

***

On peut être sûr dès aujourd'hui que la vraie république — socialement, moralement et religieusement — se constituera.

Elle est déjà consciente d'elle-même, elle se connaît. Elle se réalisera. Est-il possible de douter qu'elle trouve pour son expression architecturale (et pour son expression dans tous les arts) un style que la Révolution spontanée n'avait pas eu le temps de faire éclore? Un système social ne pouvait être substitué tout à coup à un autre, il faut le temps de démolir peu à peu : de même, avant qu'un style arrive à sa perfection, doivent se succéder toutes les phases de sa naissance, de sa croissance, de son développement. Le style nouveau que nous pressentons, expression de la société nouvelle que nous prévoyons, comme elle, s'élaborera peu à peu et arrivera à sa plus éclatante floraison quand elle-même sera parfaitement établie et vivante.

Ce qu'il sera, sans doute il est impossible de le déterminer, mais probablement nous connaissons au moins les éléments qui le constitueront, d'une part la maison en pierres, haute, vaste et spacieuse, saine, aérée du

XIXe siècle, de l'autre l'architecture de fer du XXe symbolisant si justement les conquêtes nouvelles de la science : c'est d'une heureuse combinaison de leurs deux lignes, je pense, que l'époque tirera sa parfaite expression architecturale. Art de proportion forte, chaque élément solidaire des autres, chacun donnant tout son effort, contribuant dans sa mesure à la solidité et à la beauté générale, art qui sera l'image de cette magnifique société solidariste vers laquelle nous nous acheminons. Déjà les Palais du Peuple s'élèvent; un généreux mouvement précipite beaucoup d'esprits animés par une pensée neuve.

Cet été, je voyageais en Bretagne. En pleine campagne, dans des petits pays perdus, j'ai trouvé des merveilles, elles appartenaient au Moyen-Age, à ce moment unique de foi divine qui a couvert le sol de monuments d'une grâce infinie : alors le génie était courant, tous ces architectes anonymes possédaient des trésors de délicatesse, d'amour, de foi qui leur faisaient exécuter des merveilles. Eh bien! une autre période va venir, période de foi humaine qui sera aussi belle que cette période de foi divine. Partout s'élèveront des monuments admirables, car tous les constructeurs auront la foi. Tous seront fécondés par un même enthousiasme qui, comme jadis la Religion, fera naître en eux une foule de beaux et de grands sentiments lesquels s'exprimeront dans leurs édifices.

***

J'ai dit que sans unité morale, un grand style ne se formait point, j'ai montré que notre pays allait vers l'unité, vers la vraie république, que demain, donc, il aurait un style.

Mais, sans style, notre époque n'en est pas moins profondément belle. Et même c'est justement parce qu'il n'a pas de style, parce qu'il n'a pas d'unité morale, parce qu'il est troublé, bouleversé, qu'aujourd'hui il est si beau.

Et nous comprenons de moins en moins que l'on dise : « Je n'aime pas ce siècle, il n'a pas de style. » Mais prenez donc la beauté qui est devant vous, n'en demandez pas une autre ! Si vraiment vous aimez la beauté, satisfaites-vous de celle que vous avez. Comprenez notre temps. Ne vous entêtez pas à crier : « Je veux du style ! » Car vous n'aurez point la joie que vous *voulez* avoir, et vous perdrez la joie que vous *pouvez* avoir. Ne passez pas votre vie à déplorer la beauté que vous n'avez pas, mais à vous réjouir de celle que vous avez. — Un pauvre Arabe était heureux. Sa femme était boiteuse et borgne ; mais elle avait un grain de beauté sur le coude du bras droit. Le sage Arabe s'en réjouissait, et il disait : « Certes, dans son palais, le calife a de belles femmes, jeunes, blanches et parfumées. Mais il n'en a pas comme la mienne, il n'en a pas une qui ait un grain de beauté sur le coude du bras droit. Toi seule entre toutes les femmes, ô ma colombe ! tu es marquée de ce signe admirable. » Et il disait : « Je ne savais point, avant de te connaître, que l'on pût boiter avec tant de grâce. » Et il disait encore : « Non, jamais le calife n'a été regardé avec autant de passion par un seul œil ! » Et il faisait sa joie de sa femme boiteuse et borgne, car il lui avait découvert des beautés qu'il ne connaissait à aucune autre femme.

Imitons cet Arabe. Découvrons à notre temps des beautés que nous ne verrions nulle part ailleurs, et réjouissons-nous.

Ah ! siècle troublé, siècle de lutte, siècle où toutes les fois, où tous les styles se heurtent dans une mêlée immense ! Les pensées qui vont mourir, en même temps que les pensées qui vont naître, nous saluent. Tel s'efforce de ressusciter le passé, tel autre, au contraire, vit déjà dans l'avenir. Les ombres poussent les ombres ; au milieu d'elles passent de beaux enfants couverts de clarté. La vie est là avec toutes ses faces, et sous toutes ses formes, et les mille façons de la comprendre se regardent et se bousculent. Qu'elle est belle ! qu'elle est belle ! Quoi, vous vous lamentez ? Vous ne la voyez donc pas ? Mais regardez autour de vous ! Quel temps jamais fut plus beau ?

Vous eussiez voulu vivre à une époque parfaite, dans une machine sociale parfaite, quand tout le monde pensait de la même façon. Pourquoi ? L'imperfection ne vaut-elle pas la perfection ? Est-ce que vous ne trouverez pas en elle autant de choses pour l'aimer que dans la perfection pour aimer celle-ci ? Est-ce que tout ne possède pas sa beauté ?

Oui, tout est beau. Et il n'y a point de degrés dans la beauté. Tout ce qui contient de la vie contient de la beauté. Or, tout, même ce qui paraît mort, est plein de vie. Tout est beau, et au même point. Un agonisant est-il moins beau qu'un héros resplendissant de force ? Une rose qui s'effeuille est-elle moins belle qu'une rose épanouie ? Non, — mais chaque chose a sa beauté, et chaque beauté tour à tour nous charme et nous séduit.

Ainsi, une époque non parfaite n'est pas moins belle qu'une époque parfaite. Toutes les époques sont belles. Chacune a sa beauté. Charmons-nous, réjouissons-nous de celle que possède l'époque où nous vivons.

## IV

### ÉLÉMENTS NOUVEAUX DE BEAUTÉ. BEAUTÉ NOUVELLE.

*A Paul Souchon.*

Admirable est notre temps ! Et pour les plus diverses raisons. — Hier nous parlions de son mouvement d'élaboration sociale : la société trouve une façon nouvelle de s'organiser. Aujourd'hui tournons nos regards d'un autre côté, et nous verrons la vie, la vie éternelle trouver une façon nouvelle de s'exprimer !

Sans doute, entre tous, le XIXe siècle restera merveilleux, éblouissant les yeux des hommes d'un éclat incomparable. Il a introduit en effet quelque chose de *tout à fait nouveau*

4

dans l'univers, quelque chose d'inconnu, d'imprévu, d'inouï : c'est le siècle où sont nées la Machine à vapeur et l'Electricité. La vie a trouvé une façon nouvelle de s'exprimer !

***

Cette buée, la vapeur, ce menu souffle s'échappant d'une eau bouillante, l'homme ne songeait point qu'elle servirait jamais plus qu'un nuage flottant mollement dans l'azur, qu'un rayon du soleil, qu'une petite agitation de l'air. Comment supposer que cette blancheur qu'il regardait s'envoler avec insouciance centuplerait un jour sa force, travaillerait pour lui, remplacerait ses bras, ses mains, sa volonté et son intelligence ? Or, quelqu'un a l'idée d'enfermer la vapeur dans un corps d'acier, et le miracle est accompli ! Voilà un nouvel être vivant... voilà des milliers de nouveaux êtres vivants, et des cités nouvelles, des peuples de chaudières, de volants, de pistons, des paysages de fer inimaginables !

Notre famille, la famille de tout ce qui vit, s'est augmentée. On a nommé les animaux nos frères inférieurs; y a-t-il aussi fraternité entre nos compagnons d'acier et nous? — Peut-être. Les machines ne sont pas douées réellement d'existence, cependant nous sentons d'elles à nous une obscure parenté : qu'elles entrent donc dans le grand cercle de la vie !.. Il est vrai qu'elles sont inanimées, il est vrai que nous sommes leurs sens et leur conscience, il est vrai que nous les dirigeons. Mais enfin la force qui les possède n'est-ce pas une force parente de celle que nous sentons en nous ? La vapeur, comme nous, est née de la nature. Elle est simplement de la vie transformée un peu plus ou un peu moins de fois que nous, modifiée différemment et suivant d'autres combinaisons. Puisque tout ce qui dans l'univers existe a la même origine. — Par la vapeur qui les meut et qui est de la vie, les machines si inférieures, si inconscientes qu'elles soient, entrent dans le concert de l'existence universelle, elles deviennent une des formes de l'être, elles en sont une apparence nouvelle : nous devons les considérer avec émotion.

Et nous les considérons avec émotion, en effet. Mieux que la vie naturelle à laquelle nous sommes tellement habitués maintenant que nous la distinguons mal, elles nous impressionnent par leur caractère de rigueur, d'inflexibilité, d'obéissance absolue à des lois inéluctables et par cet aspect terrible et froid qui est le leur. Devant les machines nous sentons mieux que devant la vie le mystère de la vie, mystère quotidiennement autour de nous, en nous, et auquel cependant nous ne faisons plus attention, mystère que nous oublions. Les machines qui nous émeuvent et nous font peur, nous rappellent ce mystère.

*
* *

L'introduction des machines dans notre milieu humain comporte des conséquences intéressant l'Esthétique et la Morale.

Ayant conquis la puissance profonde de la

nature, nous devons l'employer. Nous l'emploierons à des ouvrages qu'auparavant l'homme accomplissait. Le travail qu'une machine peut fournir n'est pas un travail d'homme ; l'homme, en effet, est au-dessus de la machine : il se livrait donc à des travaux inférieurs à lui. Idée nouvelle que nos robustes esclaves de fer, plus forts que nous et pourtant dominés par nous, apportent ! — Maintenant il nous semble impossible d'employer un homme à toute une catégorie d'ouvrages que nous avons compris être des ouvrages de machine.

L'homme ne fournira plus qu'un labeur d'homme, un labeur intelligent. Or, pour le rendre apte à ce labeur, il faudra l'élever, l'instruire. C'est pendant le temps qu'il aura gagné par le travail de la machine qu'il pourra s'instruire, se développer. Ainsi gain de temps pour lui et gain de dignité : le respect humain s'augmente depuis qu'on a reconnu que l'homme était propre seulement aux œuvres supérieures. L'élévation de la masse humaine est la première conséquence de la Machine.

Le monde gagne en intelligence. En donnant à l'homme des tâches qui ne faisaient agir ni son intelligence, ni ses hautes facultés, ce qu'il a d'*humain*, on perdait le bénéfice de ces dons. Maintenant on le recouvre. L'homme est placé au milieu de l'univers muni et comme prolongé d'innombrables instruments-mécaniques qui lui permettent de l'utiliser sans peine, sans vaine dépense de force et en offrant un juste emploi à toute son intelligence, à toute sa pensée.

***

La Machine influera sur l'imagination de l'artiste. Elle le conduira à de plus nobles sujets.

Voici comment :

Par l'introduction de la machine, l'idée de Force s'est modifiée dans l'humanité. La force musculaire, la force de l'être physique a perdu de sa valeur, la force morale et la force intellectuelle en ont acquise. En voyant la machine inconsciente et inanimée grande productrice de force, on a conçu l'infériorité de la force. « Peu de chose qu'un homme fort, a-t-on pensé, ce n'est qu'une machine, un esclave. » On a compris que toute la nature — animale, végétale, minérale, — pouvait produire de la force, tandis que seul, l'homme produisait de la force intellectuelle, et que, si tout était créateur de force, lui seul l'était d'intelligence.

Alors notre culte pour la Force a disparu. Les Anciens faisaient un dieu d'Hercule : à la place de ce dieu, nous avons mis une machine. Pour nous, l'homme n'est pas une bête puissante ; c'est le dominateur frêle, mais conscient, de la force immense mais inconsciente. Nous nous comprenons mieux nous-mêmes, et nous comprenons mieux le monde. La santé physique n'a plus la sorte d'importance qu'elle a chez le barbare où elle est une condition première de l'existence, car c'est elle qui permet de lutter et de vaincre, de manger, de vivre. Elle est remise à sa vraie place : nous ne désirerons plus la santé de notre corps que parce qu'elle assure la santé de notre esprit et de notre âme, notre justesse de pensée et de sentiment. Les athlètes, les soldats, tous les gens *de corps* perdent l'estime que nous leur portions, si leur valeur est uniquement physique, si elle ne correspond point à une valeur intellectuelle.

L'art ne traitera donc plus des combats, des victoires, car ceux-ci seront universellement méprisés, et l'emploi de l'énergie physique dans un autre but que de s'exercer les muscles et de s'entretenir en bonne santé semblera monstrueux à tout être humain. On peindra, on sculptera des scènes de véritable humanité, des sentiments réellement propres à l'homme et qui font sa beauté : la pensée, l'amour moral et supérieur, l'admiration, la bonté, le don de soi-même..., et jamais plus de ces mouvements d'instinct bestial, de ces heures de sang où l'homme n'est qu'un atroce et fauve animal, — plus jamais la guerre !

En rabaissant la force, l'humanité et l'art se seront élevés.

***

L'électricité n'était point connue.

Ce fluide mystérieux est entré dans le monde et l'a fait changer d'aspect. C'est comme une divinité que les hommes auraient asservie et qui emploierait pour eux sa puissance. On dirait l'âme de la terre. Avec l'électricité, surhumains, nous allons de merveille en merveille, plus rien ne nous semble impossible.

Ce nouvel élément, dont on tire un si prodigieux parti, va modifier aussi nos conceptions.

Nul ne pénètre dans le secret de la nature sans perdre de ses préjugés et de ses erreurs. Plus nous connaissons de choses, plus nous nous connaissons ; plus l'homme regarde autour de lui, mieux il se voit, et peut-être le plus beau résultat de toutes les découvertes qu'il a faites, ce fut de se découvrir lui-même à ses propres yeux. En effet, peu à peu, nous distinguons notre place dans l'univers ; et nous nous dirigeons vers cette place. Nous comprenons qu'au milieu des plantes et des animaux nous sommes des animaux et des plantes, nous comprenons que nous sommes des vies au milieu d'autres vies. Et un plus grand respect pour tout nous remplit et nous parfume. Parce que la Machine à vapeur, l'Électricité nous ont libérés, nous libèrerons tout ce qui, autour de nous, est esclave. Ces tristes animaux réduits en servitude, nous les délivrerons ; leurs destinées que nous avons faussées et tordues, nous les redresserons. Le cheval misérable et résigné qui nous traîne dans les villes, abruti par la coutume de l'esclavage, nous le rendrons à sa vie ; il pourra bondir encore, libre, frémissant, reniflant l'air de ses naseaux dans les forêts et les savanes !

Il y a des travaux au-dessous de l'animal

comme de l'homme. Ceux-là, aucun être vivant ne les accomplira plus ; puisque la machine les attend, grondante et formidable, inconsciente et inanimée, bonne pour tous les labeurs. Elle seule doit obéir, parce qu'elle seule ne souffre pas d'obéir, et qu'en l'asservissant on ne la détourne point de sa vraie vie, mais qu'on la réalise au contraire. Elle seule doit être esclave, et autour de l'homme libre, tout ce qui est vivant et sentant doit être libre.

***

L'homme aura retrouvé sa vraie place dans l'univers, il n'empiétera plus sur ses droits quand tous ses esclaves seront des esclaves qu'il aura créés lui-même, auxquels il aura donné lui-même la vie. La machine fera le travail de l'animal : premier degré de la libération de celui-ci ; — mais sa délivrance ne sera complète qu'au moment où l'alimentation chimique que les savants préconisent sera adoptée. Alors l'humanité se modifiera profondément. On perdra l'habitude de tuer, on ne pourra plus voir couler le sang: la chasse qui, nécessaire autrefois, ne subsiste que comme le plus barbare des passe-temps, disparaîtra. — On respectera la vie et la nature. On respectera l'animal : ce qui est le commencement du respect de l'homme. En effet, celui qui n'a pas la notion de ses devoirs envers les petits êtres, comment aurait-il celle de ses devoirs envers les êtres supérieurs, devoirs infiniment plus complexes et difficiles ? Et, au contraire, s'il remplit ses moindres devoirs, lui serait-il possible de ne pas remplir ses plus grands ? Celui qui remplit ses devoirs envers les animaux, sans doute les remplit aussi envers lui-même et envers les autres hommes. — L'homme perdra sa brutalité. Si une machine s'arrête, il ne la fera pas repartir à coups de pied, mais il la réparera. Il apprendra ainsi à regarder à l'intérieur des êtres lorsqu'ils ne vont pas, et à tâcher de guérir au lieu de battre. Toute la bête qui est encore en lui, et qui s'est conservée à cause de tant de siècles d'horreurs, de meurtres et de guerres, mourra : s'il voit couler le sang, son antique instinct de carnassier ne se réveillera plus. Il sera un homme. Rendu par la Machine à sa vie, libre et ayant délivré ses esclaves, conscient de l'universelle dignité des êtres et des choses, ne considérant plus comme inférieurs à lui que ses compagnons d'acier, il vivra véritablement alors d'une vie humaine. L'homme sera devenu un homme. L'homme sera né.

Admirable est notre temps qui, en mettant au monde la Machine à vapeur et l'Electricité a fait le plus, entre tous les siècles, pour préparer la naissance de l'Homme !

## V

### LA MÉTAMORPHOSE DES INSTINCTS

*A Christian Beck.*

Après une période si longue de vie civilisée, l'homme a perdu le souvenir de son origine. Il l'a perdu si bien que, pour s'expliquer à lui-même sa présence dans le monde, il a inventé une histoire, et que, lorsqu'au milieu du dernier siècle, un grand naturaliste est parvenu enfin à établir sa généalogie véritable, à trouver la vérité, l'homme ne l'a point cru : préférant s'en tenir au vieux conte auquel il était habitué et qui lui paraissait plus beau que le Vrai. Et, aujourd'hui encore, l'immense majorité des hommes aiment mieux croire que leur premier ancêtre fut de toutes pièces créé par le bon Dieu que d'accepter qu'il fut seulement une transformation d'un autre être un peu plus simple que lui, ce qui pourtant est plus facile à comprendre. — Il est vrai que si cela est plus facile à comprendre, cela exige au moins d'être compris, c'est-à-dire un effort d'intelligence, tandis que la première hypothèse, qui est incompréhensible, ne demande que d'être crue, c'est-à-dire un effort de foi, et que la foule est plus capable de foi que d'intelligence. « Car, dit Pascal, tout ce qu'il y a d'hommes sont presque toujours emportés à croire non pas par les preuves, mais par l'agrément. » Il est donc infiniment probable que pendant de longs siècles encore, la foule ne renoncera pas à son erreur.

L'homme, d'ailleurs, n'est peut-être point si coupable quand il refuse de se reconnaître dans l'anthropoïde primitif. Il est devenu, en effet, si différent de l'animal humain ! même ses instincts se sont transformés, engagés dans une voie nouvelle : sans doute le moins avancé de la race en a conscience.

Se dégageant de plus en plus de l'animalité pour se diriger vers une forme de vie de plus en plus humaine, il se façonne au milieu du monde une existence particulière très distincte de toutes les autres. C'est que, comme on l'a observé justement, si les organes des autres animaux se sont adaptés ou au vol, ou à la natation, ou à la course, les siens se sont adaptés surtout à la vie cérébrale. Pourquoi ? Parce que, comme les animaux les plus intelligents et dont l'existence matérielle est le plus difficile à assurer, il a été amené à vivre en société (1). Or, en société, son cerveau devint sa principale force, il comprit la néces-

(1) Mæterlinck, dans *la Vie des abeilles*, remarque, après d'autres apiculteurs, qu'en Australie et dans les contrées où il n'y a pas d'hiver, où les plantes sont constamment en fleur, donc où l'existence de l'abeille est assurée et où elle n'a pas besoin de penser au lendemain, elle ne vit pas en ruche (ou société) mais au contraire individuellement, en vagabonde et au jour le jour.

sité pour lui de le faire produire au maximum. — A part dans l'univers, l'homme, donc, intellectualise de plus en plus sa vie, humanise ses instincts. Que l'humanité, constatant son spécial état d'être, son développement cérébral unique, et ne sachant point l'attribuer à ses besoins et aux conditions de son existence, n'ait pu que se prêter une origine divine, soit, comme chez les Grecs, qu'elle ait fait donner la vie à l'homme par Prométhée qui la dérobe aux dieux, soit, comme chez les juifs, qu'elle ait fait naître l'homme de Jéhovah qui, le favorisant entre tous les êtres, le modèle à son image et l'installe dans le Paradis terrestre, rien là, en définitive, que de très justifiable.

***

L'espèce humaine s'éloigne de l'animalité pour devenir une espèce à part dans l'univers.

Afin de saisir cette évolution, il faut d'abord se reporter en pensée aux périodes reculées où l'anthropoïde velu et musclé, puissant, aux sens développés, animal comme les autres animaux et présentant un aspect semblable au leur, menait comme eux la vie sauvage, brutale et instinctive, — et passer aussitôt aux époques de civilisation : la bête est devenue homme ; ses poils sont tombés et ses sens se sont affaiblis ; elle mène une existence nouvelle. Alors que les autres espèces ont toujours une vie du même ordre, l'homme a transformé la sienne, il connaît une vie différant totalement de la première.

En même temps que son aspect, son être a changé.

La transformation de cet être a exigé des centaines de milliers d'années ; il serait donc téméraire d'essayer de l'analyser. Mais dans ces espaces de temps formidables, on peut poser quelques jalons, indiquer, par exemple, tout ce qui sépare la période où l'être humain vit seul, féroce et méfiant, toujours prêt à l'attaque ou à la défense et s'accouplant au hasard à quelque femelle errante comme lui dans les bois, de celle où il commence à choisir la femelle, où il vit avec elle et ses petits, s'étant établi dans un endroit fixe. Et ce moment-là, il faut le distinguer de celui où l'être humain ayant compris, par les services que lui rendent les siens, les avantages de la société, s'allie à d'autres familles et forme des tribus.

Arrivé à ce point, il est déjà tout à fait différent de ce qu'il était primitivement. Pour vivre en société à son avantage, en effet, ce n'est plus seulement la force dont il a besoin, mais la ruse. Il ne tirera parti de l'existence avec ses semblables, que s'il est le plus adroit possible. Donc, son intelligence se développe. Lui-même commence à la cultiver, à l'affiner, il apprend à raisonner. — Afin de satisfaire ses instincts de conservation et de reproduction, il emploie autre chose que la puissance de ses muscles, que le terrible serrement de ses doigts de fer, il conçoit qu'on peut atteindre le même but par plusieurs chemins : il apprend à parler, à séduire. Et maintenant, il entrevoit ce que les conquêtes qu'on doit à son esprit ont de supérieur à celles qu'on doit à sa force. Il a senti qu'une chose n'est à vous véritablement que lorsqu'elle se donne à vous. Il comprend la puissance de l'amour. En lui des sentiments nouveaux s'éveillent.

***

L'animal humain, après cette longue période de préparation, est donc devenu un homme. — Les sociétés s'étendent et se perfectionnent. Elles ont découvert des principes, créé des sciences. Ce sont des idées qui les dirigent, c'est pour des idées qu'elles combattent.

Alors, certes, l'homme peut ne point se reconnaître dans l'anthropoïde primitif : l'employé qui travaille à son bureau, le ministre au Conseil, l'écrivain devant sa table, l'agent de change à la corbeille de la Bourse, le mécanicien qui surveille sa machine, comment se retrouveraient-ils dans la bête humaine poussée par la faim qui terrasse une autre bête ? — Or, eux aussi, pourtant, sont en train de terrasser leur bête sauvage : ils luttent pour la vie. Mais quelle autre lutte ! et pour quelle autre vie !...

Depuis le dernier jusqu'au plus élevé des hommes, chacun fait effort pour se conserver, chacun travaille pour vivre. On cherche à vivre *toute sa vie*. Mais pour l'un toute sa vie peut tenir dans un cercle restreint, et pour l'autre un cercle immense est trop petit. C'est qu'il y a des espaces inouïs entre deux hommes d'une même époque, et que le premier d'aujourd'hui est séparé du dernier par une distance qui n'est peut-être pas moins grande que celle qui sépare ce dernier lui-même de l'être humain primitif (1). — L'humanité, en effet, est comme une longue colonne: elle n'avance pas tout entière sur la même ligne, et les premiers sont infiniment loin en avant des derniers. Toutefois, quand le premier fait un pas, le dernier en fait un aussi,

(1) « Il y a plus de différence d'homme à homme que d'animal à homme » disait déjà Charron (*Traité de la Sagesse*).

et si loin que celui-ci soit du premier, où il est, il a tout de même avancé d'un pas. Lorsqu'on parle des progrès de l'humanité, on a raison par conséquent d'envisager ceux des hommes qui sont à sa tête et de tenir pour un progrès général le progrès particulier de quelques-uns, car celui-ci a une répercussion infinie, il se propage d'individu à individu, de classe à classe, et traverse enfin la masse entière.

Celui qui est en avant a donc une vie beaucoup plus large et beaucoup plus complexe que celui qui est en arrière, avec les traînards. Lorsqu'il cherche à réaliser toute sa vie, il désire beaucoup plus de choses, il a besoin de beaucoup plus de choses, et dans tous les sens, que le dernier homme, quand il cherche à réaliser toute la sienne. Le dernier est facile à satisfaire, le premier ne l'est point.

C'est celui-là qui a humanisé ses instincts. Chez lui, l'instinct de conservation ne réclame plus seulement une nourriture matérielle, mais une nourriture morale et une nourriture intellectuelle. Il est devenu *le plus homme;* pour se conserver tel, il a besoin de nombreux aliments. Son intelligence est réellement sa force ; elle veut être nourrie. C'est cette force nouvelle qu'il doit conserver à l'humanité. Pour la nourrir, il lui faut des festins de sentiments et de pensées. — Certes, il serait difficile à celui-là, plus qu'à tout autre, de se reconnaître dans l'être humain primitif ; et pourtant, il s'y reconnaît, car il comprend : il fournit cet effort d'intelligence dont je parlais tout à l'heure.

Que cet homme-là ressemble peu à son ancêtre ! Que ses instincts se sont métamorphosés ! Comme ils ont dévié ! L'amour, pour lui, n'est plus seulement le principe de reproduction. Il est une fontaine morale, infiniment rafraîchissante, revivifiante, où il va baigner sa pensée, lui faire reprendre des forces, la rajeunir, l'embellir. Cet homme est devenu un clavier immense sur lequel peuvent s'exécuter les gammes les plus variées de sentiments. L'amour, chez lui, ce n'est plus seulement la force immense qui soulevait son ancêtre quand il regardait la face noire et la peau durcie de sa femelle, ce mouvement puissant et obscur, l'ivresse animale et divine, le bonheur de sentir sa vie immortelle et intarissable, c'est encore la source de tous les plaisirs intellectuels les plus raffinés : la beauté, un visage pur, une voix douce, des gestes gracieux, autant d'éléments pour affiner notre esprit en réjouissant nos sens. Cultivés, nos sens sont devenus des facteurs d'émotions supérieures, de sensations d'art.

***

Voici l'homme bien loin de l'animal primitif. Le voici très compliqué : les objets de sa vie se sont multipliés, une infinité de pensées, de sentiments, inconnus à tout le reste de la nature et qui jadis lui étaient inconnus aussi, sont nés en lui.

Le phénomène extraordinaire, c'est la volonté. Que l'homme veuille et qu'il ait conscience de vouloir, cela le distingue de tous les êtres. Vouloir, agir, autrement que poussé par l'instinct, cela, sans doute, est uniquement humain.

Avoir besoin d'émotions, en rechercher, voir des hommes pour tirer d'eux des émotions, encore un fait uniquement humain. L'Art.

L'Art *créateur* est uniquement humain.

Mais l'Art indique-t-il une supériorité de notre espèce? Qu'est-il, en effet, sinon une création artificielle, une excroissance? Il y a de belles choses dans la vie, jouissons-en dans la vie : inutile de les reproduire. Si l'art existe, c'est-à-dire que quelques hommes aient besoin de souligner les belles choses de la vie pour en faire sentir la beauté aux autres, c'est que ceux-ci n'ont point assez de force pour en sentir eux-même la beauté dans la vie. Il implique donc une idée de diminution : d'impuissance à sentir. Et l'on peut dire d'un peuple chez lequel l'art n'existe pas qu'il a des chances d'être plus artiste qu'un autre chez lequel il existe.

L'art ne serait donc qu'un indicateur, un professeur ? Sans doute. Car il est incompréhensible qu'un homme reproduise une belle chose au lieu de tout simplement l'admirer, si ce n'est dans le but d'apprendre à ses semblables à admirer comme lui, à éprouver certaines sensations.

L'Art peut être né encore à la suite de l'affaiblissement des sens humains, comme un remède. La peinture apprend à rendre l'œil plus perçant, la musique l'oreille plus fine. Ce serait donc un moyen de restituer à l'homme qui ne vit plus dans les bois son ouïe et sa vue primitives.

Voilà des opinions qui peuvent se soutenir aisément : elles ne reposent d'ailleurs que sur d'aimables paradoxes. La vérité, c'est que *l'homme reproduit la belle chose par esprit religieux, par adoration* pour elle, et parce que, pendant qu'il l'écrit, la sculpte ou la dessine, il développe toute sa faculté d'admiration, *s'élève*, est en extase.

L'art humain, l'art créateur marque donc

bien une très grande beauté chez l'homme, le montre arrivé à un degré intellectuel supérieur, et tout à fait à part du reste de la nature. Les êtres uniquement sensuels peuvent être artistes. Est artiste quiconque jouit pleinement d'un instant de sa vie. Les animaux, le chat qui s'étire au soleil, l'oiseau qui chante, heureux, le cheval qui hennit dans la plaine et bondit, sont artistes. Ils possèdent à ces moments l'exaltation de l'artiste. Mais ils sont incapables de créer, voilà ce qui les distingue de l'homme : l'impossibilité de contenir toutes les opérations cérébrales nécessaires à la reproduction d'un sentiment, d'une sensation. L'animal humain était artiste chaque fois qu'il était heureux d'une de ses sensations. L'homme, seul, est artiste créateur.

***

Mais si l'homme d'aujourd'hui peut reproduire quelques sensations, on sait qu'il ne peut pas en éprouver un aussi grand nombre que celui des premiers âges. Ayant gagné en cerveau, il a perdu en sens. M. Duclaux, l'illustre savant, écrivait récemment : « Le sauvage, celui qui vit en pleine nature, où ses organes sont constamment en fonction et en éveil, est, au regard de nous, un être supérieur. Mais, en devenant des sauvages dégénérés, nous avons pu développer notre esprit, et cette loi de balancement entre les divers développements dont nous sommes capables, nous semble une loi naturelle. »

Nous sommes des sauvages qui de plus en plus dégénérons. Nous ne profitons presque plus *sensoriellement* des choses. Même nos sensations ont un aboutissement intellectuel. Les plus avancés des hommes, à présent, ne demandent beaucoup de sensations que pour beaucoup comprendre : ils ne veulent de leurs sens que pour le profit qu'en tire leur intelligence. Aucun ne se contente plus de sentir pour sentir. Tandis que tout, autour de nous, ne vit que de sensation, et pour la sensation, nous avons introduit dans notre existence la pensée et le sentiment, aussi sommes-nous comme des îles perdues au milieu de l'océan du monde. Et s'il est plus passionnant de vivre aujourd'hui que jamais, c'est parce qu'aujourd'hui seulement, à la suite de l'immense effort cérébral du dernier siècle, il est devenu permis de comprendre ces choses.

C'est qu'aujourd'hui seulement on arrive à se poser des questions nouvelles. Que va devenir l'homme, la vie des sens diminuant chez lui de plus en plus ? Ses sens s'atrophieront-ils un jour ? disparaîtront-ils ? Dans l'expression de nos instincts, il reste toujours une part d'animalité : cette part se rapetissera-t-elle de plus en plus ? finira-t-elle par perdre entièrement sa signification primitive ? — Entre les sens, le goût, sans doute, s'anéantira le premier, puisqu'on entrevoit déjà le temps où l'on se nourrira chimiquement. Le toucher semble destiné à subsister, mais atrophié, puisque la machine aura supprimé le travail manuel. L'ouïe sera morte, car on ne parlera plus : on peut supposer, en effet, que nous aurons acquis un nouveau sens télépathique nous permettant de transmettre notre pensée plus instantanément, plus complètement et sans l'aide maladroit de la parole. (Mais, à l'égard de ce sens, on s'interroge. Nous ignorons si les animaux ne sont pas plus avancés que nous : ils ont un sens duquel on se demande si nous ne l'avons point déjà perdu ou si, au contraire, nous ne l'avons pas encore acquis. Ce sens mystérieux, extrêmement développé chez eux, ne le possédions-nous pas nous-mêmes quand, sauvages, nous n'avions pas encore dégénéré ? Le chien qui suit son maître en flairant la trace de ses pas, le pigeon qui retrouve dans l'air, à des milliers de lieues, la route de sa demeure, cela nous dépasse : à côté de ces animaux que sommes-nous ? En un grave et charmant récit, *Le Rossignol de Bâle*, Octave Mirbeau montre certains oiseaux ne se posant jamais sur des fils électriques pendant que le courant est établi, et dans l'instant même qu'il cesse, s'y posant, à croire qu'ils *voient* l'électricité.

Sans doute ces petites bêtes ont un sens de plus que nous. Ce sens, l'acquerrons-nous jamais? en perdant les autres, devons-nous gagner celui-là ou abandonner définitivement notre espoir de le posséder un jour ?)

Nos sens étant atrophiés, la dégénérescence du sauvage sera complète. Nous n'aurons plus de sens, mais un cerveau extraordinaire.

Alors, que se passera-t-il ?

Nous serons devenus des êtres monstrueux au regard de toute la nature. Nous serons en opposition avec l'univers entier.

Pour retomber en harmonie avec le monde vivant, l'homme dégagé de toute vie extérieure, uniquement apte à la spéculation, devra s'appliquer à comprendre ce qui l'entoure, car il ne le sentira plus. Il verra donc les choses sous un aspect nouveau, il envisagera la nature d'une façon tout intellectuelle, incapable qu'il sera devenu de communier avec elle. Et l'homme, paradoxal animal, n'ayant plus d'existence que par le cerveau, se promènera dans un monde uniquement composé d'idées.

# VI

## COMMENT NOUS VIVONS AUJOURD'HUI

*A Saint-Georges de Bouhélier.*

Pour comprendre la beauté moderne, il faut distinguer les caractères de l'*homme d'aujourd'hui*, ceux de sa vie. Ce qu'il y a de provisoire dans l'instant où nous sommes.

Cherchons donc, voyons autour de nous ce qui passera, l'argile.

L'existence d'aujourd'hui contient un goût spécial. Le moment que nous vivons ne ressemble ni à celui qui vient de fuir, ni à celui qui va venir : il a son visage, il a sa forme, il est reconnaissable entre tous. Aujourd'hui pas un mot, pas un geste, qui soit pareil tout à fait à ceux d'hier ou de demain. Chaque temps, en effet, a sa vie à lui, toute sa vie. — L'existence intérieure, la façon de sentir de deux époques diffèrent l'une de l'autre autant que celles de deux hommes. D'ailleurs la vie d'une époque et la vie d'un homme n'obéissent-elles pas aux mêmes lois ? Chacune ne dépend-elle pas de sa naissance, de son organisme, de son développement et de son milieu ? — Sans doute. — Aussi ne sommes-nous pas moins curieux d'une époque, de son sentiment de la vie, que d'un homme.

Votre voisin pour vous est une énigme, vous vous demandez : comment sent-il ? comment vit-il ? Et, même votre meilleur ami, si bien que vous le connaissiez, vous êtes aussi ignorant de sa façon profonde de vivre que de celle de l'inconnu à côté duquel vous êtes assis ce soir... Eh bien ! les époques évanouies sont des énigmes semblables. *Pour voir*, vous voudriez vivre un instant dans la peau d'un autre, mais cela est impossible, alors vous vous penchez sur ses yeux, vous essayez de regarder, de pénétrer son mystère... De même vous vous penchez sur une époque évanouie, vous la questionnez fiévreusement : Comment vivais-tu donc ? lui demandez-vous. Sur une vieille gravure, nous contemplons l'apparence du temps passé : ah ! comme nous aurions voulu porter ces costumes au milieu de ces maisons, de ces rues ! — Pourquoi ? — Mais pour respirer cet air spécial, pour comprendre avec cet esprit, pour parler avec cette voix, pour entendre et pour voir avec ces oreilles et avec ces yeux qui n'ont existé qu'alors. Nous sommes si humains, que tout ce qu'a vécu l'humanité, nous voudrions le connaître, nous voudrions le vivre aussi !

Donc une époque a son caractère, sa personnalité. D'où lui sont-ils venus? — De la façon particulière dont les hommes qui la composaient éprouvaient les sentiments les plus généraux. Ceci est son charme propre, son parfum.

⁂

En constante évolution, physiquement, moralement, intellectuellement, essayons de nous immobiliser un instant et d'examiner le point précis où nous sommes. Considérons nos façons de sentir, notre démarche, nos gestes, nos paroles, nos regards, nos sourires, enfin tout ce qui est nous, ce qui, produit par l'ensemble d'aujourd'hui, lui appartient et disparaîtra avec lui.

Qu'est-ce qu'un homme moderne ?

Il convient d'abord d'expliquer ces deux termes, de dire ce qu'il y a, dans l'homme moderne, de *moderne* ou de particulier, et ce qu'il y a d'*humain* ou d'éternel.

Taine, comparant l'homme à un terrain géologique, remarque en lui diverses couches superposées d'idées et de sentiments. « A la surface de l'homme sont des mœurs, des idées, un genre d'esprit qui dure trois ou quatre ans : ceux de la mode et du moment. » — « Au dessous s'étend une couche de caractères un peu plus solides, elle dure vingt, trente, quarante ans, environ une demi-période historique ». — « Les couches du troisième ordre sont très vastes et très épaisses. Les caractères qui les composent durent pendant une période historique complète, comme le Moyen Age, la Renaissance ou l'époque classique ». — Enfin la couche primitive : par-dessous les puissantes assises que les périodes historiques emportent, plonge et s'étend une assise bien plus puissante que les périodes historiques n'emportent pas. C'est le caractère — aptitudes et instincts — du peuple, celui qu'il porte dans son sang et qui ne peut s'altérer que par une altération du sang : invasion, croisement de race ou changement de milieu physique.

Nous voulons parler ici de l'homme moderne : c'est-à-dire, selon Taine, de la deuxième et de la troisième couche de ce terrain. Notre période historique commence à la Révolution, et sans doute ira jusqu'au moment où la transformation sociale, morale et religieuse sera accomplie. L'homme de cette période aura un caractère particulier, mais ce n'est pas tant celui-là que nous désirerions indiquer, que celui de la demi-période, celle qui dure trente, quarante ou cinquante ans. Cette demi-période historique semble avoir commencé en France, en littérature avec le Naturalisme, en sciences, avec l'application des grandes découvertes modernes, en politique avec la constitution définitive, puissante du parti socialiste. Un mouvement d'ensemble très important et qui a eu une forte répercussion dans notre esprit.

***

Pour comprendre notre formation, il faut étudier le triple milieu : sensoriel, moral, intellectuel, où nous vivons.

Tout contribue à nous former, tout concourt à nous fournir notre âme. Les acquisitions continuelles de nos sens sont pour notre cerveau comme les coups de pouce du sculpteur pour la statue qu'il modèle.

Afin d'écrire une bonne psychologie de l'homme d'aujourd'hui, il faudrait regarder en détail toute sa vie sensuelle, remontant aux origines de celle-ci examiner chacun des sons qu'il entend, chacune des images et des couleurs qu'il voit, chacune des odeurs qu'il respire, chacune des saveurs qu'il goûte, chacune des formes qu'il touche: tout cela, en effet, contribue à le doter de l'âme avec laquelle il vit.

Puis il faudrait passer aux mœurs, aux coutumes de la société dans laquelle il se meut et mesurer la pesée qu'elles exercent sur lui. Enfin considérer toutes les opinions, tous les propos qu'il écoute, tous les faits publics qui l'émeuvent, les journaux et les livres qu'il lit, la musique qu'il entend, la peinture qu'il regarde, la maison qu'il habite.

Notons ensemble rapidement les points sur lesquels il serait intéressant de s'arrêter dans cette étude.

Le citadin voit sa ville se transformer. Toutes les petites rues anciennes et noires, les maisons basses disparaissent. Des voies larges, bien aérées, des maisons hautes et claires les remplacent. Les avenues sont sillonnées de rails; des tramways de toutes formes et de toutes dimensions circulent. Un immense va et vient mécanique ; le cri barbare des cornes déchire ses oreilles; la fumée, l'odeur automobile l'imprègnent. La nuit, ce sont des flots de lumière électrique. Enveloppés par ces rayons couleur de lune, tout paraît étrange, artificiel, irréel. Les passants et les voitures semblent se mouvoir sur une scène de théâtre, au milieu de décors. Les arbres qui bordent la chaussée ne sont pas vrais.

Telle est la rue. Le jour, ce qui nous frappe, c'est le mouvement de tous ces récents moyens de locomotion mécanique ; la nuit, cette lumière pâle et pleine de rêve.

Quel sentiment se dégagera de ces visions,

et comment influeront-elles sur nous ? Déjà, dans une précédente causerie, j'ai indiqué les modifications que doit apporter en morale la mise en pratique de la vapeur et de l'électricité. Aujourd'hui je voudrais faire remarquer combien l'homme de la ville, chaque jour habitué davantage à se servir de la machine, à user d'une force étrangère à la sienne, à vivre au milieu d'énergies, de formes, d'objets créés uniquement par lui, s'éloigne de la nature, et de plus en plus devient un être purement social. Transformés sensoriellement par l'existence de la ville, si par hasard nous allons à la campagne, nous retrouvons une vie que nous avions complètement oubliée. Et en nous, au fond de nous, quelque chose qui était endormi se réveille. Nous nous émerveillons d'une multitude de formes vivantes et animées auxquelles nous ne pensions plus. Nous regardons avec surprise un arbre, nous écoutons, extasiés, chanter des oiseaux, une source qui coule nous étonne, nous accomplissons toute une série de découvertes menues et ridicules qui nous attendrissent, qui nous émeuvent et qui nous conduisent à sentir un instant combien notre vie ordinaire est extraordinaire. De l'émotion, de la tendresse, de l'amour, se réveillent en nous. N'étant plus encadrés dans les lignes d'une société inflexible, la vie libre, la vie désordonnée, vagabonde et amoureuse, la vie semblable à celle des oiseaux qui se balancent sur les branches au-dessus de nos têtes, nous attire. Une foule de chants de notre cœur contenus, de désirs comprimés nous emplissent et nous soulèvent. Rien, maintenant, ne nous paraît plus beau que le plaisir de voir le ciel bleu à travers les feuilles, les colombes reposant sur la mousse, quelque nymphe surprise qui pleure dans nos bras.

Mais rentrons à la ville. Aussitôt notre sens éternel de la vie disparaît, et l'homme moderne revient à la surface, l'être social, actif et discipliné, machine au milieu des machines, artificiel, compliqué, aux sens habitués à percevoir toutes sortes de formes nouvelles et fabriquées de la vie, et presqu'aucune forme naturelle.

Donc, voilà pour les sens ; voilà le milieu sensoriel dans lequel évolue l'homme moderne doué, par les aspects nouveaux de sa ville, d'une façon particulière de sentir.

Le milieu intellectuel.

Il s'y passe un fait très intéressant. Nombre d'hommes de valeur, de ceux qui constituent l'avant-garde de l'humanité, pensent sur tous les points d'une façon opposée à celle dont on pensait hier. Or, la pensée de cette élite crée une atmosphère, un état d'esprit qui pénètre par infiltration l'homme moyen. Et voilà cet homme partagé entre les idées d'hier qui forment le fond de lui-même, et sur lesquelles repose encore la société actuelle, et les idées d'aujourd'hui, intellectuellement dans la même situation que celle où nous le voyions tout à l'heure sensoriellement, troublé, égaré, hésitant. Ces grandes institutions en lesquelles l'homme moderne, conduit par la Science, ne *peut plus* avoir foi, quand il regarde autour de lui, lui paraissent toujours solides ! Quel trouble pour lui de voir sa vérité encore aussi peu réalisée, et, au contraire, tous les restes d'une civilisation vieille et barbare demeurer si imposants d'aspect ! Voir partout la représentation des idées mourantes (représentation il est vrai intérieurement dégradée comme l'idée dont elle est la forme mais l'extérieur est intact), et ne pas voir celle des idées naissantes (pourtant si fortes, elles, si pleines de sève et de vie future), que cela l'inquiète ! Il n'a point la force de s'imaginer, ne les ayant pas encore sous les yeux, tous les monuments qui bientôt vont s'élever, bâtis sur ces idées.

Intellectuellement, l'homme moderne est à la fois hardi et craintif. Il pense loin et à fond, mais précisément les extrémités de sa pensée lui font peur. Car il n'aime pas les révolutions; lien a trop vues dans ce siècle. En même temps qu'il l'aime, il redoute sa pensée révolutionnaire. S'il voudrait une forme sociale rationnelle, définitive, parfaite, il voudrait aussi qu'on parvînt à l'établir doucement, sans répandre de sang.

Moralement aussi il attend. Il attend une nouvelle forme de vie morale. La société ne devant plus reposer sur le foyer individuel, la famille, institution devenue chancelante, se désorganise. La société n'est plus un agrégat de familles chacune avec ses traditions, sa pensée, son culte, sa vie propre. Les époux sont peu unis; les enfants peu aimés. Comme on le voit, il y a, là encore, dans le domaine des sentiments, de la vie morale, un grand flottement; on se sent dans une période de transformation. Ce qu'on attend, précisément, c'est l'absorption de la Famille par la Société. Après avoir été familial, l'être humain va devenir social. Des liens unissaient tous les membres d'une famille; maintenant des liens uniront tous les membres d'une société. Progrès, compréhension plus large de la vie organisée, acheminement vers une forme supérieure de l'être humain. L'animal social, vivant pour et par la société, trouvera l'antique animal familial aussi barbare qu'aujourd'hui nous trouvons le primitif animal humain. *Le sentiment de la famille* aura disparu pour faire place au *sentiment de la société*. Alors une foule de sentiments nouveaux que nous ne soupçonnons guère vivront à la lumière du jour. Les instincts de conservation et de reproduction adopteront de nouvelles formes. On ne créera plus pour continuer la famille, la race, mais pour continuer la société. On ne vivra plus pour soi mais pour la collectivité. Ce n'est pas sa vie qu'on cherchera à agrandir, à exalter, c'est la vie collective, vaste et diverse du corps social. On n'est plus seul, on fait partie d'un organisme énorme. Et par la connaissance et l'amour de la société, par le sentiment social on arrive au sentiment universel, au sentiment de la vie universelle, ordonnée, harmonieuse, à la connaissance du monde, de la nature entière.

Voilà ce que l'homme d'aujourd'hui pressent, devine dans l'avenir.

*
* *

J'ai examiné brièvement l'homme et la vie moderne à un triple point de vue.

J'espère avoir fait sentir ce qu'il y a de provisoire et d'incomplet dans l'homme moderne. De quelque côté qu'on se place pour le considérer, on le trouve inquiet, on le voit qui attend.

Il attend qu'on ait tiré de la science une religion, il attend une religion. Il attend une société, prêt à quitter sa famille particulière pour entrer dans la famille sociale. Il attend une morale. Il attend toute une vie nouvelle.

Ah ! cette attente de l'homme contemporain ! De l'homme rempli d'éléments nouveaux, de germes qui ne demandent qu'à se développer, mais auxquels il faudrait un milieu complètement favorable !

Bientôt, sans doute, toutes ces tendances, ces attractions trouveront un lien qui les réunira. Quelque chose de beau et de complet naîtra de cette agitation et de ce désordre. Et l'homme nouveau, avec une foi et une morale nouvelle, vivra heureux dans une société nouvelle.

Donc, ce qui caractérise notre époque, c'est l'attente. La maison s'est préparée pour recevoir l'hôte et l'attend. Ceci est beau, l'obscur sentiment des minutes que nous vivons maintenant est d'une beauté puissante. Du nouveau s'est développé dans l'humanité. Nous goûtons des sensations inéprouvées jusqu'alors. Nous sentons un jeune monde s'offrir à nous tandis que le vieux monde s'écroule. Hugo le chantait déjà comme s'il avait disparu ce vieux monde ; il disait :

*L'ancien monde, l'ensemble étrange et surprenant*
*De faits sociaux, morts et pourris maintenant,*
*D'où sortit le navire aujourd'hui sous l'écume,*
*L'ancien monde aussi, lui, plongé dans l'amertume*
*Avait tous les fléaux pour vents et pour typhons,*
*Construction d'airain aux étages profonds,*
*Sur qui le mal, flot vil crachait sa bave infâme,*

*Plein de fumée, et mû par une hydre de flamme,*
*La Haine, il ressemblait à ce sombre vaisseau.*

*Le mal l'avait marqué de son funèbre sceau.*

*Ce monde enveloppé d'une brume éternelle,*
*Etait fatal : l'Espoir avait plié son aile ;*
*Pas d'unité, divorce et joug ; diversité*
*De langue, de raison, de code, de cité ;*
*Nul lien ; nul faisceau ; le progrès solitaire,*
*Comme un serpent coupé, se tordait sur la terre,*
*Sans pouvoir réunir les tronçons de l'effort ;*
*L'esclavage, parquant les peuples pour la mort,*
*Les enfermait au fond d'un cirque de frontières*
*Où les gardait la Guerre et la Nuit, bestiaires ;*
*L'Adam slave luttait contre l'Adam Germain ;*
*Un genre humain en France, un autre genre humain*
*En Amérique, un autre à Londre, un autre à Rome,*
*L'homme au-delà d'un pont ne connaissait plus [l'homme !]*
*Les vivants, d'ignorance et de vices chargés,*
*Se traînaient ; en travers de tout, les préjugés ;*
*Les superstitions étaient d'âpres enceintes*
*Terribles d'autant plus qu'elles étaient plus saintes ;*
*Quel créneau soupçonneux et noir qu'un Alcoran ;*
*Un texte avait le glaive au poing comme un tyran !*
*La loi d'un peuple était chez l'autre peuple un crime ;*
*Lire était un fossé, croire était un abîme ;*

*Les rois étaient des tours ; les dieux étaient des murs ;*
*Nul moyen de franchir tant d'obstacles obscurs ;*
*Sitôt qu'on voulait croître, on rencontrait la barre*
*D'une mode sauvage ou d'un dogme barbare ;*
*Et, quant à l'avenir, défense d'aller là.*

***

Ce qui nous émeut, ce que nous trouvons beau, c'est le mouvement intérieur que nous



7

révèle un mouvement extérieur. L'art, à toutes les époques, n'a jamais cherché qu'à rendre saisissante, par des formes, l'âme des êtres et des choses. Un visage nous touche par ce qu'il signifie; or ce qu'il signifie n'a ni forme, ni poids, ni couleur, c'est simplement une émotion, c'est-à-dire un mouvement, une petite oscillation de la flamme qui est notre vie. Elle s'approche ou elle fuit, elle aime ou elle a peur, mais toujours elle tremble, elle remue, et c'est ce mouvement que l'artiste essaie de saisir et qu'il fixe en copiant un regard, la courbe d'un bras, un corps penché, un geste. Et qu'il fixe encore en copiant une prairie, un lac, un fleuve, la mer. Car toutes les choses de la nature ne sont que des expressions de notre âme; et quand une fleur nous émeut par son dessin, son attitude, c'est qu'elle correspond allégoriquement, symboliquement, par image, à quelque minute de notre âme. Il y a des fleurs tristes et d'autres joyeuses, il y a des couleurs gaies et de mélancoliques, il y a des paysages heureux et des paysages sinistres. Pourquoi qualifions-nous ces aspects de la nature, si ce n'est point parce qu'ils nous représentent les intimités mêmes de notre vie? Nous nous voyons en eux. Ils nous parlent comme des visages. Ils nous font souffrir ou sourire comme des amis qui nous entretiendraient d'eux-mêmes, c'est-à-dire de nous.

Ah! mouvement de la vie! flamme de la vie! âme! nous t'aimons, source de toute beauté! Et aujourd'hui moderne comme hier antique, c'est toi toujours qui nous inspire!

S'il y a beaucoup de machines à présent dans nos rues, celles-ci ne sont pas moins belles, car elles ne contiennent pas moins de vie. La force a changé d'expression. La vie a trouvé une façon nouvelle de s'exprimer, mais qui n'exclut pas les autres et qui ne leur retire aucune beauté. Reconnaissons donc aussi aux machines leur beauté.

Elles nous ont raffinés peut-être, aiguisant nos sensations en les multipliant, en leur offrant à la fois un si grand nombre d'objets nouveaux. Modernes, nous sommes plus nerveux, plus frémissants. La surprise de tout ce qui est entré de nouveau dans le monde en ce siècle, et l'attente de tout ce qui va venir encore nous rend fébriles et impatients. Notre vie est encore plus tremblante, plus agitée. Nous aimons et nous souffrons avec plus d'intensité que jamais. Nous aimons passionnément notre vie. Nous sommes beaux de vivre, d'aimer, de souffrir et de mourir, comme a toujours été belle l'humanité, mais peut-être possédons-nous une beauté nouvelle. Comprenant mieux la vie, nous l'aimons plus, nous l'aimons *toute*, et nous pouvons nous écrier avec le poète de *la Planète :*

*Eloignez de moi ce calice embaumé*
*J'ai soif d'être altéré !*

Car nous avons soif d'être altéré et d'être rafraîchi, d'avoir faim et d'être rassasié, de pleurer et d'être consolé, de souffrir et de jouir, d'être vainqueur et d'être vaincu, de vivre et de mourir, nous voulons mordre à tous les fruits que la Vie, tour à tour, peut nous tendre ! Nous sommes des amants de la vie tels que nous voulons avoir vu tous ses visages : tendre et divine, affreuse et tragique, nous la posséderons ! O vie ! ne nous cache rien, nous pouvons tout connaître de toi, nous sommes ivres d'amour !

## VII

### LA VIE ET L'ART ÉTERNELS DANS LA VIE ACTUELLE

*A F. Fagus*

Qu'importe à l'artiste l'époque où il vit? S'il est artiste, son époque est belle. Autour de lui on vit : que demander de plus? Il ne lui faut que de la vie pour faire de la beauté. Il ne lui faut que des mouvements, des formes, des couleurs, que des sentiments et des passions. Or, à quelle époque n'en trouvera-t-on point? Un âge existe-t-il où les hommes étaient morts? Quand n'ont-ils pas chanté et gémi, quand ne se sont-ils pas haïs, battus, déchirés, — aimés, secourus, consolés ? Quand n'ont-ils pas vécu ?

Aujourd'hui ?

— Non. La vie est toujours aussi puissante, aussi variée, aussi infinie. Comme en tous temps l'artiste n'a qu'à regarder autour de lui pour voir se composer sous ses yeux les plus beaux poèmes de l'humanité. Toujours des amants, des mères, — des triomphants, des désespérés, — de la gloire, des crimes. Seuls, les impuissants ont le droit de maudire pour sa laideur l'époque où ils vivent : on permet aux aveugles de dire en plein jour qu'il fait nuit. Mais l'artiste, pourquoi haïrait-il son temps?

Pour son immoralité ? pour son manque d'idéal, sa bassesse ? pour ses idées ?...

Singulier artiste ! car la moralité ou l'immoralité, qu'est-ce que ça peut lui faire ? Il est un contemplateur des hommes, de tous les hommes, de la vie, de toute la vie. Telle vertu paraît à ses regards, il l'admire ; tel vice, il l'admire encore. Est-il en face d'un être de justice et de pureté? il le considère avec exaltation, — mais un instant après il considérera avec une exaltation aussi passionnée la figure contraire : un être fourbe et méchant. Les deux l'intéressent, lui saisissent l'esprit. Ils éveillent chacun en lui quelque chose de sa vie à lui, de la vie humaine ; chacun le plonge dans des réflexions émouvantes. Aspects différents de l'humanité, de la pensée, de la beauté, ils l'enivrent et l'inspirent.

Est-ce pour la « bassesse, le manque d'idéal » de son temps que l'artiste le mépriserait ?

Ce serait, en ce cas, défaut de réflexion d'un artiste pas encore mûr. Il doit admettre, en effet, que les hommes moyens ne peuvent point se former un bien grand idéal. Or, ceux-là constituent la masse, et leur existence est fatale. — L'artiste, s'il parle de la bassesse et du manque d'idéal de son époque, c'est la bassesse et le manque d'idéal de cette masse qu'il a devant les yeux !

Ah ! quelle erreur ! Ce n'est jamais la masse qu'il faut considérer pour juger son temps.

Elle est anonyme, elle disparaîtra ; on ne la voit pas dans les temps passés, et c'est pour cela qu'on les trouve si beaux. Quand on juge son temps, on ne doit en regarder que ce qu'on regarde du passé, que ce que l'avenir en verra : les sommets. Eh bien ! si l'artiste se dégage de la masse où il se débat, — et à laquelle il doit tout pardonner, car il n'existe pas une imperfection (comme une perfection) qui ne soit fatale, — et que ses regards se fixent uniquement sur les phares de notre humanité (nos génies, nos maîtres) et qu'il ne considère que leur pensée, — ainsi qu'on doit faire pour tous les siècles, — l'aversion pour son temps s'écroulera, il dira avec nous : cette époque est belle, son idéal est grand.

Est-ce donc pour ses idées que l'artiste haïrait son temps ? Parce qu'un large courant socialiste entraîne les peuples d'aujourd'hui ? Non ; car l'artiste a conscience que ce mouvement est l'un des plus généreux que le monde ait connus. — D'ailleurs, les idées, en quoi lui importent-elles ? Est-ce qu'il doit s'en préoccuper ? Sont-elles sa vie, sa pensée ? A Puvis de Chavannes qui peint le Bois Sacré, à Carpeaux qui modèle sa Danse, à Berlioz qui compose l'Enfance du Christ, à Verlaine qui écrit Sagesse, vais-je parler de la monarchie, de l'empire ou de la république ? Qu'est-ce que ça leur fait ? Leur âme parle avec l'âme des hommes. Remerciez-les de leur occupation divine, et prenez bien garde de ne les point troubler. Il est beau d'exhorter l'artiste à être un citoyen. Mais s'il est véritablement un artiste, fort probablement il vous répondra : Laissez-moi donc tranquille ! Laissez-moi penser à ce que je pense.

Alors, où donc est la raison qui pourrait me faire dire : « je regrette de vivre aujourd'hui » ? Que m'importe mon temps ? Je suis artiste, je vis : c'est assez. Je n'ai qu'à regarder autour de moi pour voir des choses qui m'intéressent, qui m'élèvent, qui me transportent et qui me brisent. Regretterai-je la Grèce et son harmonie, Rome et sa force, le Moyen-Age et son mystère, la Renaissance et sa passion quand j'ai la vie moderne (1) et son âme ?

Je ne demande que de vivre, Or, j'ai mes yeux, mes oreilles, ma poitrine et ma bouche, j'ai tous mes membres, j'ai *moi*. Je n'ai qu'à regarder, à écouter, à respirer, à marcher et à sentir ; — et si je suis un artiste, qu'à profiter de toutes les sensations que me donneront mes sens, de tous les sentiments que me donnera mon cœur. Que puis-je désirer de plus ? Je suis dans une société humaine, où se présente la multiplicité des caractères et des existences. Je n'ai qu'à vivre, regarder, penser, et qu'à écrire.

Les sentiments qui ont toujours existé, les

(1) « Plus un monument se rapproche de notre temps, plus ses statues prennent une expression spiritualiste et pensive. Nous finirons par ne plus sentir le corps et la forme, mais seulement l'âme et l'expression. « (TAINE.)

La peinture de Carrière est très significative pour la façon de sentir de notre époque.

sentiments qui ont toujours uniquement servi à l'artiste existent aujourd'hui comme en tous temps, ils nous entourent. Aucun d'eux n'a encore disparu. La diminution, l'atténuation de quelques-uns, est compensée par l'accroissement en intensité de quelques autres. Si l'amour du sang s'éteint peu à peu, l'amour de la pensée augmente. Et en définitive, l'homme est toujours là, avec son cortège de passions. L'artiste n'a donc rien à craindre : il vit, son éternel modèle vit, -- qu'il travaille.

Dans ces conférences, j'ai essayé de montrer qu'en ce moment de sa perpétuelle évolution, l'homme était plus intéressant, plus vivant que jamais, que si ce temps avait quelque chose de particulier, un caractère, une personnalité, une âme, celle-ci était infiniment attachante et excitante pour un esprit d'artiste.

Alors, celui qui se plaint, de quoi se plaint-il? de la vie *d'aujourd'hui?* — Non pas, mais DE LA VIE. Il l'a mal comprise, il n'a pas su trouver le moyen de l'aimer, il n'a pas été jusqu'au fond d'elle-même, jusqu'à ce qu'elle renferme d'admirable et d'adorable, il ne l'a pas pénétrée! Il n'a pas su prendre à la vie l'ivresse sacrée qu'elle donne à tout homme qui la regarde profondément.

Il n'est pas artiste, celui qui demeure sans amour devant la vie, devant la vie, matière que nous travaillons, et force qui nous inspire, notre objet, notre but, et notre raison d'être! Un artiste qui n'aime pas la vie! un artiste qui n'aime pas sa douleur et sa joie, son délire et ses larmes, sa puissance et sa faiblesse!

Chaque matin que le jour se lève, l'artiste se dit: « Que c'est beau!.. Je vis! vive la vie!.. Aujourd'hui est le plus beau des jours de tous les temps passés et à venir!.. Je vis! Cette minute est la plus belle, la plus pleine, la plus vraie et la plus complète de toutes les minutes. »

*
* *

Pour l'artiste d'aujourd'hui, son époque n'est ni plus, ni moins belle que pour l'artiste de n'importe quelle époque la sienne.

Selon les siècles, les formes, les lignes, le dessin des habitations et des costumes sont plus ou moins harmonieux. Si l'on ne devait représenter que l'extérieur, l'idée que certaines époques sont plus que d'autres favorables à l'art, serait juste. Or, le but de l'art n'est point de représenter l'apparence, mais la réalité. La peinture de l'extérieur n'est pour lui qu'un moyen de faire saisir l'intérieur. Pour lui, l'extérieur n'a pas d'existence réelle. De même que la parole n'existe pas en réalité, mais qu'elle est le signe qu'un être, celui qui parle, existe, de même que la lumière n'existe pas en réalité, mais qu'elle est le signe que quelque chose qui éclaire, le soleil, existe, ainsi l'extérieur, pour le véritable artiste, n'existe pas en réalité, il est seulement le signe que quelque chose d'intérieur, que la vie existe. Et c'est cette chose intérieure, c'est cette vie que l'artiste veut rendre au moyen de formes et de couleurs qui n'en sont que les signes. Ces formes et ces couleurs lui importent donc peu ; qu'elles changent, qu'elles varient, cela n'est rien, puisque l'âme, puisque la vie ne varie pas et qu'elle les anime toujours.

Il est donc exact de dire que l'époque est indifférente à l'artiste.

Est-ce qu'un Rembrandt n'eût pas pu vivre, peindre aujourd'hui comme il y a deux siècles ? Est-ce que ce sont les maisons, les costumes et l'aspect extérieur de son temps qu ont créé en lui le sublime artiste? Non, n'est-ce pas ? il lui a fallu seulement *lui*, il lui a fallu son âme, sa façon d'éprouver la vie. Et ce qui lui avait donné son âme, ce n'était point l'aspect extérieur de son temps, c'était les âmes des gens avec lesquels il vivait et qu'il regardait, et ces gens étaient des gens ordinaires, pas particuliers à son temps, des gens comme nous en voyons tous les jours, avec les mêmes petites vertus, les mêmes petits vices, les mêmes petites passions, les mêmes joies et les mêmes douleurs. Rembrandt avait regardé ces gens-là, et il les avait sentis : il avait une âme faite pour sentir profondément et humainement. Aujourd'hui, de même, il eût donc pu vivre et peindre comme il y a deux siècles, et dans deux siècles il pourrait encore vivre et peindre comme aujourd'hui, parce que l'humanité que voyait Rembrandt existe encore et qu'elle existera toujours, parce que la beauté qu'il a vue dans la vie, et qu'il a reproduite dans ses tableaux, existe aujourd'hui comme il y a deux siècles, et qu'elle existera dans deux siècles, et toujours.

Cette beauté quelle est-elle ? C'est la beauté simple, profonde et immense de la vie, la beauté que, si nous sommes artistes, nous pouvons découvrir chaque jour dans les scènes quotidiennes, dans les gestes de toutes les personnes qui nous entourent. Prenez n'importe quel tableau, n'importe quelle planche de Rembrandt, et demandez-vous : comment éveille-t-il notre émotion? — Vous vous répondrez : avec de la vie, rien qu'avec de la vie quelconque. J'ai là, par exemple, une gravure : *La résurrection de la fille de Jaïre.* Quoi de plus simple que cette composition ? Dans une chambre sombre, une enfant morte sur un lit, le Christ qui lui touche la main, un homme immobile, réfléchissant, qui regarde cette scène, et un peu plus loin, à l'arrière-plan, une femme, la mère de l'enfant morte, qui pleure et qu'un vieillard console. — Pourquoi cela est-il si beau ? Pourquoi sommes-nous forcés de nous arrêter à cette gravure, et de tressaillir en la regardant ? Cette scène est simple comme la vie, elle est vraie comme la vie, mais aussi elle est belle comme la vie (1).

(1) Que voit l'artiste dans une scène? il voit *tout* ; voilà pourquoi il voit beau. L'erreur commune est de croire que pour faire beau il faut in-

Rembrandt a été profondément ému quand il a vu son tableau dans sa tête : comme la fille de Jaïre, il a été mort et couché sur ce lit ; comme le Christ, il a été celui qui veut ressusciter ; comme la mère, il a été celui qui pleure parce que son enfant est morte, *il a été dans la vie* de tous ses personnages. Il nous prend par la main et nous mène à notre tour dans ces vies : et voilà pourquoi nous sommes si émus. — Mais aujourd'hui comme il y a deux siècles, ce tableau est possible ; aujourd'hui comme il y a deux siècles, des enfants meurent et des mères pleurent : et c'est tout le tableau.

---

diquer certains caractères et dissimuler certains autres. C'est le contraire. il faut que rien ne vous échappe : il faut avoir un instant l'œil de Dieu.

Pour faire comprendre ceci, je propose en même temps à la réflexion ces deux phrases du divin Shelley (*Défense de la Poésie*) : 1° « La poésie est à la fois le centre et la circonférence de la connaissance. » — 2° « La poésie lève le voile qui cache la beauté du monde, et fait que les objets familiers cessent d'être familiers. »

Regardons autour de nous. La vie n'a pas changé, toujours elle est aussi émouvante, elle nous permet toujours de créer de belles choses. Si nous sommes des artistes, voilà ce que nous ferons, et nous ne nous plaindrons pas de notre époque. Si nous sommes des impuissants, voilà ce que nous ne ferons pas, et nous mettrons sur le compte de notre temps ce qui n'est imputable qu'à nous-mêmes.

***

L'art doit donc durer autant que la vie, autant que l'homme. Il ne dépend pas des apparences extérieures, il dérive d'un sentiment profond d'adoration pour l'existence intérieure des êtres : c'est un élan vers l'intimité des vivants. En quoi les transformations sociales, et les modifications plastiques de l'existence pourraient-elles le diminuer ? L'art n'est pas dans la chose considérée par l'artiste, il est dans l'artiste qui la considère : c'est un mouvement de son âme. Ainsi, il n'est rien qui soit laid. L'objet qui nous paraît le plus vil peut provoquer dans la pensée de l'artiste le sentiment artistique, le sentiment créateur, ce mouvement d'adoration qui est causé par la perception de certains rapports d'une beauté suprême.

Donc l'art est possible en tous temps, en toutes époques, en toutes sociétés, quelque soient la forme extérieure des choses, les aspects que revêt la vie. On peut bâtir de très vilaines maisons, on peut emplir les rues d'usines et de machines, cela ne détruira ni l'art, ni les artistes ; mais ceux-ci, au contraire, trouveront bientôt, dans ces nouveaux spectacles, quelque chose de nouveau à adorer, — quand on est né pour adorer, on crée l'adorable, — ils y découvriront des relations, des analogies merveilleuses qui, d'abord, avaient échappé à tous. Et bientôt, comme les autres choses de la vie, les usines et les machines trouveront leurs divins poètes. Réjouissons-nous des beautés nouvelles qui naissent, et ne craignons rien pour l'art. On ne le supprimera qu'en supprimant la vie.

J'entends souvent dire : « Opposons-nous au socialisme. Car il aboutit au collectivisme. — Et si l'on ne peut pas supprimer l'art, on peut supprimer les artistes. Le collectivisme les supprimera. » Voilà ce que je ne puis admettre (1). Il est impossible que dans l'état social vers lequel nous nous acheminons, état qui, forcément, sera supérieur en organisation aux sociétés précédentes, qui sera un des résultats des progrès que la science humaine accomplit tous les jours, on puisse un instant songer à supprimer l'artiste,

(1) D'abord on ne peut imaginer ce que serait le collectivisme. Tous les tableaux qu'on en peut faire sont aussi différents de ce qu'il sera en réalité qu'une statue inanimée est différente d'un homme vivant. Il s'adaptera à la vie : d'où, nécessairement, telles de ses parties s'agrandiront, telles autres se diminueront. Quiconque croit pouvoir l'imaginer en toute certitude, s'il le voyait, ne le reconnaîtrait pas.

chantre et prêtre de notre existence quotidienne, celui qui nous apprend à admirer! L'homme toujours monte vers le surhomme, s'appuyant sur les connaissances nouvelles qu'il acquiert à chaque siècle, il s'élève. De plus en plus il aimera l'artiste, il comprendra son utilité, il l'honorera, il le remerciera. « La Poésie sauve de la mort les visites de la divinité dans l'homme. » Un jour viendra où cette admirable expression de Shelley sera claire pour tous.

Je ne crains donc pas le socialisme. Je sais trop bien qu'il ne pourra point se priver de l'art.

Artistes, ne soyons pas ennemis de notre temps. Regardons-le sans prévention, appliquons-nous à le comprendre : il est beau. Etudions les maitres et travaillons, heureux de vivre la vie moderne comme nous eussions été heureux de vivre celle de la Renaissance, celle des Grecs ou n'importe quelle autre, parce que nous aimons avant tout la vie, et que : moderne, antique, ces mots nous apparaissent dépouillés de sens, la vie seule *étant* pour nous.

La vie, éternellement, contient la beauté que nous adorons, la beauté qu'inlassablement nous nous efforçons de mettre au jour.

FIN

# NOTES

Page 29 : *Il faudrait savoir, maintenant, pourquoi nous avons du plaisir à percevoir les rapports, à contempler le beau. — Je crois : parce que nous-même faisons partie du monde et de la beauté universelle, et que dans l'harmonie extérieure que nous découvrons, nous sentons un rapport juste avec notre propre harmonie, dans la structure parfaite de l'Univers, nous voyons une représentation de notre structure parfaite... L'émotion de la beauté consiste à sentir les correspondances qui existent entre le monde extérieur et nous, nos fraternités... L'unité profonde de la matière nous enivre, un grand élan d'amour et de reconnaissance pour la vie nous transporte.*

La conférence où se trouvent ces phrases était écrite, prononcée et publiée depuis longtemps quand j'ai lu l'ouvrage récent de

M. Mithouard : *Le Tourment de l'Unité*. Il contient un passage où la pensée touche tellement la mienne que j'ai éprouvé un grand plaisir à le lire et que je ne résisterai point à celui de le citer : « La Beauté peut être envisagée soit dans les objets externes qui en portent le signe, soit dans les impressions qu'ils nous font éprouver. Mais si nous regardons l'univers extérieur où elle se manifeste, ce qu'il révèle de plus frappant, c'est l'unité selon laquelle s'ordonne non seulement tout ce qui vit, mais même tout ce qui existe. Et si nous nous examinons nous-même, ce qu'il y a de plus simple et de plus général en nous, c'est aussi l'unité que, par le seul fait de vivre, nous réalisons entre toutes les parties de notre individu. Voilà donc quelque chose de commun à ces deux mondes subjectif et objectif qu'elle se partage, et quelque chose assurément de primordial. La Beauté ne serait autre que le sentiment de cette unité. »

(*Tourment de l'Unité*, page 15.)

Page 41 : « *La Révolution... est elle-même une œuvre d'une complication extraordinaire qui suppose l'éducation et l'organisation du prolétariat, la conquête collective et graduelle du pouvoir, et l'action de la science accélérant le mouvement humain. La Révolution est un immense effort patient, collectif, organique, qui n'a aucun rapport avec des gestes désordonnés de destruction.* »

Il est intéressant de rapprocher de cette page de Jaurès la pensée analogue d'Anatole France exprimée dans son admirable discours du mois de janvier dernier, dans une fête organisée par l'Université Populaire de Charenton :

« Le peuple est le nombre, il est la force ; les lourds obstacles qu'on amasse devant lui, il pourrait d'un souffle les disperser comme des fétus de paille. Il le pourrait, et dans le fait il ne le peut pas. Pourquoi ? Ce n'est pas le cœur qui lui manque. Il ne le peut pas parce qu'il ne connaît pas encore nettement et précisément les conditions sociales, industrielles, économiques de son émancipation; il ne le peut pas parce qu'il ne sait pas encore procéder avec la rigueur de la science à sa libération méthodique et certaine. Les instruments de son salut, il faut qu'il les construise lui-même. Il ne vaincra que par les armes qu'il aura forgées.

« Rappelez-vous, citoyens, la grande bourgeoisie de 89. Elle traça de ses propres mains, devant la monarchie, l'édifice entier de ses franchises, et la Révolution bâtit sur les plans des philosophes et des légistes. La conquête des libertés politiques s'est faite au dix-huitième siècle par la pensée et la raison; l'émancipation des travailleurs se fera, au vingtième siècle, par la science et la pensée. Que le prolétariat, à force de réflexion, prenne enfin conscience de lui-même et du monde, qu'il s'unisse tout entier dans un consentement unanime aux vérités démontrées et dans l'application d'une méthode rationnelle, et comme il est la force unique, il deviendra l'unique puissance. »

Page 117 : *Donc l'Art est possible en tous temps, en toutes époques, en toutes sociétés, quelle que soit la forme extérieure des choses, les aspects que revêt la vie. On peut bâtir de très vilaines maisons, on peut emplir les rues d'usines et de machines, cela ne détruira ni l'art ni les artistes ; mais ceux-ci, au contraire, trouveront bientôt, dans les nouveaux spectacles, quelque chose de nouveau à adorer, — quand on est né pour adorer, on crée l'adorable, — ils y découvriront des relations, des analogies merveilleuses qui, d'abord, avaient échappé à tous. Et bientôt, comme les autres choses de la vie, les usines et les machines trouveront leurs divins poètes.*

A cette idée que le beau ne dépend pas de la forme des choses et que, non pas seulement dans les lignes harmonieuses, il est possible de trouver de la beauté, l'un de mes auditeurs a résisté, un artiste plastique. Pour lui, certaines formes ne sont pas belles. — Pas belles ! Hélas ! monsieur, à l'œil du peintre, mais non au regard de l'âme humaine !... L'œil du peintre est arrêté par la forme ; le regard de l'âme traverse la forme. Or, il ne suffit pas d'être un peintre, il faut être un artiste ; — et vous n'êtes un artiste que si vous savez voir avec votre âme.

Par le hasard des lectures, je tombe sur un passage de Lamennais, bien d'accord avec ma façon de comprendre, et que, pour mon auditeur récalcitrant, voici :

« Le Beau réside primitivement, essentiellement, dans l'idée, dans le type, et non dans la forme qui manifeste le type : donc rechercher la forme pour la forme même, ou, en d'autres termes, réduire l'art à l'un des éléments, la forme pure, ce n'est pas seulement le mutiler, c'est le détruire radicalement. La fonction de la forme est de rendre présent à l'esprit le modèle idéal, en dirigeant vers lui le regard interne, de l'exprimer en ce sens. »

Jamais, me semble-t-il, tout ce que l'art a d'intérieur n'a été indiqué avec plus de justesse.

Page 118 : *Il est impossible que dans l'état social vers lequel nous nous acheminons, état qui, forcément, sera supérieur en organisation aux sociétés précédentes, qui sera un des résultats des progrès que la science humaine accomplit tous les jours, on puisse un instant songer à supprimer l'artiste, chantre et prêtre de notre existence quotidienne, celui qui nous apprend à admirer !*

Le degré de science auquel l'homme est parvenu me rend impossible l'hypothèse de son retour, un jour, à la barbarie. Que dans l'antiquité, des civilisations très avancées, celle des Egyptiens, par exemple, aient disparu, ruinées entièrement, soit par des invasions, soit par la décadence de la race, cela ne constitue pas un argument pour la ruine possible de la civilisation aujourd'hui. Car les conditions de la vie des peuples, dans les temps modernes, ne sont plus les mêmes que dans les temps antiques. Les peuples ne sont plus isolés les uns des autres, la terre n'est plus comparable à une série de trous dans chacun desquels grouille une race, trous inconnus les uns aux autres : l'un d'eux se comble, une race étouffe, nulle autre ne s'en aperçoit, et voilà une civilisation disparue. Aujourd'hui ce n'est pas ainsi : tous les peuples vivent en plein jour, les uns en face des autres : ils se considèrent et ils s'écoutent, leur vue et leur ouïe étant prolongées, s'il est permis de s'exprimer ainsi, par le télégraphe, le chemin de fer et l'imprimerie. La civilisation est devenue une, l'humanité deviendra une. Un retour à la barbarie n'est plus possible. Car dans l'immense humanité, il y aura toujours un point où de la lumière brillera, et les peuples pourront toujours distinguer cette lumière. Tandis que dans l'antiquité, si la lumière manquait dans une race, c'était fini ; la race ne voyait rien en dehors d'elle, l'humanité n'existait pas ; on l'ignorait et elle vous ignorait.

Dans mon esprit, l'art ne peut disparaître que si je forme une hypothèse contraire à celle d'un retour à la barbarie. L'art disparaîtra si la vie devient si belle qu'elle-même soit l'art, autrement dit, quand tous les hommes seront devenus si profonds qu'ils comprendront tous la beauté de la vie, qu'ils seront tous artistes. L'art alors n'aura plus de raison d'être ; on se sert de l'art, en effet, pour se parler, pour se dire à soi-même ou aux autres des choses si belles que très peu les peuvent entendre, et qu'on ne dit point dans la vie parce qu'on est sûr de ne pas y être entendu. L'art est une explosion de sentiments contenus en soi parce qu'on ne peut les exprimer dans la vie. Mais quand tous les comprendront, ces sentiments, quand on en pourra parler, quand ils seront le sujet des conversations humaines, l'art sera devenu inutile. Quelles extases alors ! Quels rêves ! Il n'y aura plus d'art. D'ailleurs il n'y aurait plus d'hommes non plus : ils seraient devenus des dieux.

# INDEX ALPHABÉTIQUE

# INDEX ALPHABÉTIQUE


BERLIOZ, 107.
CARPEAUX, 107.
CARRIÈRE, 108.
CHARRON, 70.
DIDEROT, 28.
DUCLAUX, 77.
FRANCE, 125.
HAECKEL, 23, 31.
HUGO, 26, 30.
JAURÈS, 40, 125.
LAMENNAIS, 127.
MAETERLINCK, 65.
MÉNARD (René), 35.
MIRBEAU, 79.
MITHOUARD (Adrien), 123
MONET, 31.
PASCAL, 64.
PUVIS DE CHAVANNES, 107
PLATON, 16, 22, 30.
REMBRANDT, 112.
RODIN, 30.
SHELLEY, 115, 119.
SAINT AUGUSTIN, 25.
TAINE, 85, 108.
VANDEPUTTE (Henri), 100
VERLAINE, 107.

# TABLE

# TABLE

Pages

Note ........................................ 5
Dédicace ........................................ 7
I. Introduction ........................................ 9
II. Deux conceptions de la Beauté ........................................ 15
III. Du Style et du Style moderne ........................................ 33
IV. Éléments nouveaux de beauté. Beautés nouvelles ........................................ 49
V. La Métamorphose des instincts ........................................ 63
VI. Comment nous vivons aujourd'hui ........................................ 81
VII. La Vie et l'Art éternels dans la vie actuelle ........................................ 103
Notes ........................................ 121
Index alphabétique ........................................ 133

Cet ouvrage a été achevé d'imprimer

Le Mardi 11 Février 1902

par F. DEVERDUN, à Buzançais (Indre)

pour La Plume.

www.ingramcontent.com/pod-product-compliance
Ingram Content Group UK Ltd.
Pitfield, Milton Keynes, MK11 3LW, UK
UKHW031911260826
14628UKWH00003B/1132